CATALOGUE DES MANUSCRITS SAMSKRITS

DE LA BIBLIOTHÈQUE IMPÉRIALE,

Avec des notices du contenu de la plupart des ouvrages, etc.

Par MM. Alexandre Hamilton, Membre de la Société asiatique de Calcutta, Professeur de littérature indienne, etc.

Et L. Langlès, Membre de l'Institut de France, conservateur des manuscrits orientaux de la Bibliothèque Impériale, etc.

A PARIS.

DE L'IMPRIMERIE BIBLIOGRAPHIQUE, RUE GIT-LE-CŒUR.

1807.

In the interest of creating a more extensive selection of rare historical book reprints, we have chosen to reproduce this title even though it may possibly have occasional imperfections such as missing and blurred pages, missing text, poor pictures, markings, dark backgrounds and other reproduction issues beyond our control. Because this work is culturally important, we have made it available as a part of our commitment to protecting, preserving and promoting the world's literature. Thank you for your understanding.

Don de l'auteur

CATALOGUE
DES
MANUSCRITS SAMSKRITS
DE LA
BIBLIOTHÈQUE IMPÉRIALE.

CATALOGUE
DES
MANUSCRITS SAMSKRITS
DE LA BIBLIOTHÈQUE IMPÉRIALE.

AVANT-PROPOS.

La Bibliothèque Impériale possède, comme on peut le voir par le Catalogue imprimé, un nombre très-considérable d'ouvrages écrits dans presque tous les idiômes de l'Inde, tels que le Samskrit, le Malabar, le Tamoul, le Talenga, le Bengali, le Maure ou Indoustani, le Canarin, le Siamois, etc. Mais les manuscrits les plus précieux, sont incontestablement les ouvrages écrits dans la langue sacrée des Brâhmanes, (le Samskrit). Je n'aborderai pas ici la grande question qui s'est élevée dernièrement entre M. Bentley de la Société Asiatique, et quelques-uns de ses savans confrères, touchant l'antiquité de la plupart de ces ouvrages. D'après différentes observations astronomiques et différens noms de princes Musulmans, insérés dans les Pourâna et autres livres samskrits dont l'antiquité avoit, jusqu'à présent, paru incontestable, M. Bentley prétend qu'ils ne peuvent remonter au-delà de l'invasion des Musulmans dans l'Inde. Les objections de M. Bentley, toutes spécieuses qu'elles semblent, perdent beaucoup de leur force, aux yeux des personnes accoutumées à feuilleter les manuscrits orientaux et conséquemment familiarisées avec les interpolations ridicules et absurdes, que se permettent souvent des copistes aussi téméraires qu'ignorans. En outre, les témoignages nombreux et très-positifs des écrivains grecs et latins, ne doivent pas même nous laisser le moindre doute, touchant la très-ancienne civilisation des Indiens, et cette certitude suffit pour inspirer le plus vif intérêt pour leurs monumens littéraires. On sait que leurs ouvrages religieux et classiques sont écrits en samskrit, langage sacré dont la connoissance est réservée aux Brâhmanes. Ceux-ci ont témoigné longtemps une répugnance invincible à initier les étrangers dans cette langue, et il ne falloit pas moins que tout l'ascendant que les Anglais ont obtenu sur eux et sur tout le corps de cette nation, pour les déterminer à en dévoiler les secrets et à en expliquer la Grammaire à quelques laborieux savans de Calcutta. Déjà la Société Asiatique compte dans son sein plusieurs membres profondément versés dans la littérature samskrite. Nous ne chercherons pas à renouveler la douleur des amis des lettres, en leur rappelant la perte irréparable de l'illustre et estimable sir William Jones, ce prodige de goût et d'érudition enlevé par une mort prématurée, aux nombreux et intéressans travaux dont il s'occupoit sans relâche. Tout en payant à la mémoire de cet immortel savant, un juste tribut de regret et d'éloge, je ne dois pas méconnoître le mérite et les talens de MM. Wilkins, Colebrooke, Wilford, Alex. Hamilton, Bentley, et autres dignes confrères, émules et successeurs de M. Jones.

Toujours occupé d'accroître les précieuses et vastes connoissances qu'il a déjà acquises dans la langue sacrée et la littérature des Hindoux, M. Alexandre Hamilton, profita des trop courts instans de paix qui rapprochèrent nos patries respectives, pour connoître et compulser les manuscrits en langue samskrite, que possède la Bibliothèque Impériale; il m'étoit recommandé par des amis communs; je l'accueillis avec l'empressement que devoit m'inspirer sa réputation littéraire. Je ne tardai pas à reconnoître que les qualités de son cœur ne le cédoient pas à son mérite littéraire; nos fréquentes relations établirent bientôt entre nous, une amitié qui sera, j'espère, à l'épreuve du temps et des distances.

La passion de l'étude et l'intérêt des matériaux qu'il avoit sous les yeux, retinrent M. Hamilton bien au-delà du terme qu'il avoit fixé pour son voyage. Un évènement politique le força en outre, de différer son départ; il profita de la prorogation de son séjour à Paris et des facilités que lui accorda, en faveur de son rare mérite, un gouvernement protecteur déclaré des sciences et des savans, d'abord pour rectifier le Catalogue des manuscrits samskrits de la Bibliothèque Impériale. Les erreurs qu'il trouvoit à chaque article, le déterminèrent bientôt à refaire ce Catalogue. Il le composa en anglais. Je l'ai traduit en françair, et j'ai ajouté des notices plus ou moins étendues à un grand nombre d'articles. Quelques-unes de ces notices m'ont été fournies par M. Hamilton lui-même, j'ai tiré les autres des *Recherches Asiatiques*, de mes propres *notes* sur la traduction françoise des deux premiers volumes de ce savant recueil, des *Œuvres* de M. Jones, du *Digeste des lois Hindoues*, traduit en anglais, par M. Colebrooke, des ouvrages du P. Paulin de Saint-Barthelemy et de différens manuscrits orientaux de la Bibliothèque Impériale.

On auroit sans doute désiré un peu plus d'ordre dans ce Catalogue, mais je n'ai pas cru devoir intervertir la série des chiffres, établie par M. Hamilton, qui s'est borné à mettre en tête les ouvrages relatifs à la religion des Hindoux, et à établir deux grandes divisions. La première renferme les ouvrages écrits en caractères dévanâgari ; l'autre, les ouvrages écrits en caractères bengali Car les Brâhmanes se servent de ces deux caractères pour écrire le samskrit. Le premier est incontestablement plus ancien que l'autre, qui n'en est qu'une corruption.

(LANGLÈS.)

OUVRAGES SAMSKRITS,
Écrits en caractères dévanâgari.

N.° I. (90). (a) Le *Bhâgavata Pourâna*. Cet ouvrage, attribué comme tous les autres Pourâna, à Vyâsa, contient l'histoire de Krichna, 8.ᵉ avâtara, ou Incarnation de la divinité sous la forme d'un mulâtre. Copié à Bénarès, en 1528 de l'ère sambat, laquelle date de la mort du Râdjah Vikramaditya, 56 ans av. J.-C. (1528 — 1472 de J.-C.)

Ce *Pourâna* consiste en 12 skandha ou livres. Le 10ᵉ. skandha qui contient la biographie de Krichna, manque dans ce manuscrit. Le n°. 15 de notre Catal. des manuscrits samskrits, écrits en caractères bengali, offre une autre copie du même Pourâna, où manque le 5e. skandha, qui traite de la géographie. Cette copie est accompagnée de notes très-étendues et très-savantes, de Sridhara Swâmi, et qui pourroient être bien précieuses pour la partie géographique. On voit que ces deux manuscrits, en se suppléant mutuellement, présentent le *Bhâgavata* en entier.

Une espèce d'Abrégé de ce Pourâna a été traduit en français, du tamoul, en 1 vol. in-8°. (1788). Le commencement en est assez exact; mais en avançant, soit par l'incorrection du manuscrit ou par la négligence du traducteur, l'ouvrage fourmille de fautes de tous genres. M. Colebrooke pense que le Bhâgavata a été com-

---
(a) Le chiffre romain indique le n.° du nouveau Catalogue, le chiffre arabe, est le n.° de l'ancien Catalogue imprimé.

posé par Bopadêva. L'ouvrage lui-même ne fournit aucune preuve de cette assertion; mais le style paroît en effet plus moderne que celui des autres Pourâna, et il se rapproche davantage des compositions dont l'époque date du siècle qui a précédé l'ère chrétienne. Quoi qu'il en soit, le Bhâgavata est attribué par les Indiens au même auteur que les autres, et ils lui donnent la même antiquité.

Vyâsa se repentant d'avoir tant écrit, sans avoir donné une biographie complette de Krichna, voulut enfin réparer cette erreur et composa ce Pourâna, vers la fin de sa vie. C'est son petit-fils qui le récita aux Mouni, rassemblés autour du feu du sacrifice, que l'on célébroit dans la forêt de Naïmisa. Le douzième chap. du dernier Skandha, renferme une table des matières, dont voici la traduction.

« Histoire du roi Parikhyit et celle de l'anachorète Nârèda, qui arriva à Hastinapoura, après que le roi eut subi l'imprécation d'un Brâhmane. — Dialogue entre Souka, fils de Vyâsa et Parikhyit, (dans lequel Souka récita ce qui suit). Les effets de la dévotion, dialogue entre Nârèda et Brahmâ; hymne aux Avâtara; de la création et du Chaos. — Dialogue entre Vidoura et Ouddhava, et entre le premier et Maïtreya; ses interrogatoires sur les Pourâna et les Sanghitâ, et sur la destruction universelle qui précéda la dernière création. — De la création de Prâkriti, (la puissance active de la nature) et de Vaïkriti, (les êtres existans). — Du progrès du temps; la création de Brahmâ; développement de l'œuf du monde, élévation de la terre, mort de Hiranyâkhya. La création des Richi et de Siva; d'une figure humaine, moitié homme, moitié femme, dont la séparation produisit Menou Swâyambhouva, et sa femme Sataroupâ, douée des plus belles qualités. — Des enfans de Dharma, des filles de

Kardama le patriarche. Vichnou est incarné dans la personne de son fils Kapila; dialogue entre lui et sa mère Dêvahouti. — De la postérité des neuf Rîchi; de la catastrophe, qui termina le sacrifice de Dakhya; histoire des rois Dhrouva, Prithou, et de Pratchina Varhisa. — Conseil de Nârèda; histoire des rois Priyavrata, Nâbhi, Risabhâ et Bharata. — Récapitulation des Dwîpâ (îles habitées), des mers, des montagnes, des pays et des rivières. — Des constellations près de l'écliptique : des divers lieux de supplice, dans les enfers. — Le patriarche Dakhya, est né fils des Pratcheta; ses filles sont les mères des Dêvâ, des Asourâ, des hommes, des animaux, et des serpens. — Les deux gardes du Paradis, sont nés Asourâ et fils de Diti; histoire de Prâhlâda, roi des Asourâ. — Des Manwantara, de la délivrance du roi des éléphants; des avâtara, de celui avec la tête de cheval; de la tortue, du poisson, de l'homme-lion, du nain. — Du *barattage* de l'océan, pour obtenir l'ambroisie. — De la guerre entre les Dêvâ et les Asourâ; généalogie des rois; de la naissance d'Ikhyâkou et de sa postérité; de Soudyoumna; aventures des nymphes Ilâ et Târâ. — Histoire de la race Solaire; de Sasada, de Soukanya, fille de Saryâti, et de Kakoudstha; des rois Khatwanga, Mandhâtâ, de Saoubhari, et du roi Sagara. — Histoire de Râma, roi de Kosala, qui expie le crime; de Nemi, qui devient incorporelle, et de la postérité de Djanaka. — De l'extirpation de la classe des Khyetra par Râma, le descendant de Bhrigou; de la race Lunaire, descendue de Ilâ; de Yayâti, fils de Nahousa. — De Daouchmanta, Bharata, Santanou et son fils; des descendans de Yadou, fils aîné de Yayâti, dans la postérité duquel Dieu s'incarna sous le nom de Krichna (Apollon). — Il naît de Vasoudêva; sa retraite à Gokoula; ses miracles, étant enfant; mort de Poutanâ, qui lui présente du lait empoisonné; il brise un chariot, en le frappant du pied. — Il détruit les Asourâ Trinavarta, Vaka, et Agha, et sauve les enfans des bergers ; il tue les Asourâ Dhenouka et son frère Pralamba. -- Il préserve le village d'un incendie. — Il triomphe de l'énorme serpent Kaliya ; il empêche le berger Nanda d'être noyé, il satisfait toutes les nymphes, qui avoient invoqué Dourgâ, afin de l'avoir pour amant. — Apothéose des femmes de certains Brâhmanes et punition de leurs maris. — Il tient dans sa main, la montagne Govardhana, pour protéger les bergers, contre la vengeance d'Indra. — Il est couronné roi des bergers; ses jeux et ses danses avec les Gopi (les Muses) ; il détruit l'Asourâ Sankhatchouda, tue Vysma et Kesi, deux émissaires du tyran Kansa. — Arrivée d'Akroura à Gaukoula ; Râma et Krichna l'accompagnent à son retour. — Plaintes des nymphes. — Description de Mathoura ; il tue les gardes de Kansa ; il combat et met à mort Mastika et Tchanouba, deux champions de Kansa; et à la fin cet usurpateur lui-même est détruit. — Il rappèle à la vie, le fils mort, de son instituteur Sândipana : il revient pour séjourner à Mathoura, ville capitale de Yâdavâ ; la ville est attaquée plusieurs fois par le roi Djarâsandha, qui est toujours mis en fuite. — Elle est attaquée par Kâlayavana, roi des Yavana ; Krichna en retire les habitans, et fonde la ville de Douârakâ; mort de Kâlayavana, défaite de son armée. — Il apporte l'arbre Paridjâta, du Paradis, pour embellir sa ville. — La guerre causée par l'enlèvement du Roukmini ; la fureur de ses ennemis; combat entre Krichna et Siva; Bâna protégé par celui-ci, est privé de ses bras. — Krichna subjugue le roi de Pragdjotis et enlève ses captives. Il dompte et met à mort les rois de Tchedi, de Paoundra, et de Salwa; il détruit les Asourâ Dantabactra, Sambara et Dwibida; il brûle la ville de Vârânasi, (Bénarès) et alors le but de sa descente sur la terre, dont les Pândavâ n'avoient été que le prétexte, se trouva rempli. — Il détruit sa propre nation, par le moyen de l'imprécation des Brâhmanes. — Dialogue avec Ouddhava, sur les perfections de la nature divine, contenant des notions sur la théologie et les rites. — Apothéose de Krichna. — Caractères distinctifs de chaque Youga. — Extinction de la race humaine, dans le Kali; des quatre espèces de destruction, et des trois manières de création. — Mort du roi Parikhyit. — Cause des subdivisions des Vêdâ; — Histoire de l'hermite Markandeya; Dieu considéré comme personnifié dans l'univers, et dans le soleil. — Nombre des vers contenus dans chaque Pourâna. (A. HAMILTON)

Nota. On compte ordinairement 18 Pourâna; chaque Pourâna traite de cinq sujets; 1o. la création de l'univers, ses progrès et le renouvellement des mondes; 2°. la généalogie des dieux et des héros; 3o. la chronologie, suivant un système fabuleux; 4°. l'histoire des faits et gestes des demi-dieux et des héros; 5o. ordinairement une cosmogonie accompagnée d'une histoire mythologique et héroïque. Les Pourâna peuvent être comparés aux Cosmogonies des Grecs. *Asiatick researches*, t. VII. p. 202. Quelques Pourâna contiennent une liste de noms de pays, de rivières, de montagnes et une grande division du monde, et peuvent servir de traités de géographie, ce sont même les seuls que les Hindoux possèdent, car ils n'ont point en samskrit, d'ouvrages spécialement consacrés à cette science, non plus, qu'à la chronologie et à l'histoire. Leurs travaux littéraires se bornent à la Grammaire, la poésie, la philosophie, la religion et la mysticité. (LANGLÈS.)

II. (35). *Râmâyana.* Poëme composé par Vâlmîki, et contenant l'histoire de Râma Tchandra, roi d'Ayodhia (Aoude), et 7.e avâtara ou incarnation de la divinité sous la forme d'un roi. On y trouve aussi l'énumération de ses conquêtes à Lankâ, (qui est l'île de Ceylan); copié par Raghonat.

Ce Poëme, divisé en sept livres, contient les aventures de Râmâ, roi de Céylan. Il y a plusieurs Poëmes intitulés Râmâyana; mais le plus estimé a été écrit par Vâlmîki. « Le sujet de tous les Râmâyana, est le même; ils contiennent l'histoire populaire de Râmâ, surnommé Désarathi, que l'on suppose être une incarnation du dieu Vichnou, et ses exploits admirables, pour arracher sa bien-aimée Sitâ, des mains du géant Râvânâ, tyran de Lankâ. Voici l'indication des principaux Râmâyana, dans la langue samskritâ; savoir : Vêyâsâ-Râmâyana, Vasista-Râmâyana, Adhyâtmâ-Râmâyana, Hanoumad-Râmâyana, Sata-Kantâ-Râmâyana, Sahasra-Kantâ-Râmâyana, Djimoûne-Râmâyana, Vâlmîkê-Râmâyana, etc. Le dernier de ces Râmâyana est le plus parfait et le plus répandu; c'est la lecture favorite de toutes les classes d'Indiens. On prétend que le Saint-homme Vâlmîki, aidé de l'inspiration divine, composa son Râmâyana en vingt-quatre mille stances, pendant le règne des Râmâ, vers la fin du Trata-Youga. Cependant le même ouvrage étant intitulé Kavya, est inférieur aux Pourâna, qui sont les Bibles écrites des Indiens. Ce Râmâyana de Vâlmîki, passe pour un abrégé du Vêyâsâ-Râmâyana, qui renferme un journal des actions de Râmâ, en dix trillons de vers : ce volumineux ouvrage n'existe plus.

« Il y a environ deux mille ans, que florissoit un poète Malabar, d'une basse naissance, mais qui passoit pour être le favori de Sarasvati, la déesse de la science; inspiré par elle, ce poète publia un Râmâyana, en douze mille vers tamil (tamouls); cet ouvrage est intitulé Camba-Râmâyanam : il est de beaucoup inférieur au Vâlmîkê-Râmâyana, et n'est lu que par cette portion d'Indiens, qui ne possède pas la langue samskritâ, et se plaît à lire les poé- sies tamiles. Dernièrement un naturel qui ne connoissoit, ni le samskrit, ni la versification tamile, écrivit en tamil vulgaire, un traité en prose, intitulé Râmâyana-Vât- chacam. On a donné une copie de cet ouvrage à M. Read, comme un secours pour ceux qui veulent acquérir l'usage familier du tamil : mais si l'on compare ce Râmâyana-Vât- chaçam, avec le texte, on trouvera qu'il en diffère à beau- coup d'égards, et renferme une foule d'absurdités et de faits dénaturés. Par exemple, ce Râmâyana en prose, commence par un dialogue, entre Vêbhîchana et Râmâ ; circonstance d'autant plus absurde, quelle est contraire au texte. Cependant M. Read pense le traduire littérale- ment, comme M. Kindersley a fait pour le Nala-Vât- chacam. Il y a quelques siècles, qu'un Gonabouddha- Reddy, fils de Viïtala-Reddy, fixé vers les provinces Sep- tentrionales, parvint à dérober à un moine vagabond, son écaille de serpent, qui étoit une calebasse pleine de vif- argent raffiné, laquelle comme l'élixir miraculeux, avoit la vertu de métamorphoser les métaux en or. Ce Reddy voulut profiter de cette riche découverte, pour employer un poète gentou, nommé Ranganandha, à composer l'his- toire de Râmâ, en Dwepadô, ou vers divisés par Hémis- tiches, en langue gentoue, il reçut douze tankas ou qua- rante huit pagodes par vers : cet ouvrage est intitulé Ran- ganandha-Râmâyana. Il y a encore un autre Râmâyana, publié par un poète gentou inspiré, sous le titre de Bhas- cara-Râmâyana. Enfin je connois un autre Râmâyana, en prose et en langue gentoue. Au reste, tous ces Râmâyana, ne sont pas des traductions littérales ou fidèles, de celui de Vâlmîki; on ne les voit qu'entre les mains des Gen- tous, qui n'entendent pas le samskrita.

« Il est donc évident que le Râmâyana de Vâlmîki est

incomparablement supérieur à tous les autres Râmâyana, écrits en langues samskrita, tamil et gentoue : ils sont innombrables, et je les passe sous silence ; car, tandis que nous pouvons connoître la source, il est inutile de vouloir suivre le cours des ruisseaux. Si j'entreprends de traduire le Vâlmîkî-Râmâyana littéralement, ce sera un ouvrage de plus de trois années ; je me bornerai donc à faire un abrégé conçu de telle manière, qu'il puisse convenir à tous les Râmâyana, écrits dans les trois langues ». *Voyez* Dalrymple's *Oriental repertory*, t. II. p. 555 — 558.

En donnant ici cette note, dont l'exactitude semble garantie par le nom et la qualité de l'auteur (Terverkadou Moutyah, *pandit* ou savant hindou), je ne dois pas dissimuler au lecteur que M. Alexandre Hamilton l'a trouvée susceptible de quelque critique ; 1.° il ne peut deviner en quelle langue est écrit le Râmâyana gentou, dont parle notre écrivain Hindou : en effet, il n'existe pas de langue gentoue ; 2.° dans la récapitulation des Râmâyana, il nomme celui de Vyâsa, avant l'Adyatma-Râmâyana ; il ignoroit donc que ces deux ouvrages n'en font qu'un, puisque c'est un extrait d'un Pourâna ; or, tous les Pourâna sont attribués à Vyâsa ; et l'on ne connoît pas d'ouvrage ainsi intitulé, qui ne soit de ce poëte. L'Adhyâtma-Râmâyana existe dans la Bibliothèque Impériale, sous le n.° III (pag. suiv.) de ce Catalogue ; et l'on trouve à la fin de chaque chant, la mention formelle que c'est un extrait du Brahmânda-Pourâna. Ajoutons que quelques-uns des Pourâna mentionnés dans cette note, sont des drames ; 3.° l'auteur de cette même note commet un anachronisme, en énonçant que le Râmâyana de Vâlmîki, passe pour être un abrégé du Râmâyana de Vyâsa. Si Vâlmîki étoit le premier poëte Hindou, comment son ouvrage seroit-il l'abrégé d'un autre poëme ! il est certain que Vâlmîki est antérieur à Vyâsa, puisqu'il vivoit dans le siècle de Râmatchandra, et Vyâsa, dans celui de l'Avâtara suivant. Ce qui prouve encore sa haute antiquité, c'est que les Pourâna en parlent, comme on le voit par ce passage du Matsia Pourâna. Râdjah Dasartha eut, quatre fils. Narayna, l'ame de l'univers, s'incarna dans le corps de l'aîné, nommé Râma, qui détruisit le géant Ravana, et qui éleva jusqu'au ciel la gloire de la race de Raghou. Ses actions ont été transmises aux siècles les plus reculés, dans les vers mélodieux de Vâlmîki. — J'ajouterai une remarque à celles que m'a communiquées M. Hamilton, c'est que le Mâhabhârata et le Râmâyana, qui sont deux poëmes épiques, renferment la partie la plus précieuse de l'histoire ancienne de l'Inde. LANGLÈS.

III. (37). *Adhiâtmâ Râmâyana*, histoire abrégée de Râmatchandra, tirée du Brahmânda Pourâna.

IV. (4). Poëme sur l'expédition de Râma contre Râvana, roi de Lankâ (Ceylan). Ce poëme est écrit dans un des dialectes de l'Inde, probablement dans celui de Mathoura ; il est rimé comme la plupart des poëmes composés dans les dialectes dérivés (du samskrit). Tous les poëmes écrits dans cette dernière langue, sont en vers mesurés, mais non rimés.

V. (22). *Râma Sahasra Nâma*. (Les mille noms de Râma), dialogue entre Brahmâ et Nâreda, extrait du Brahmâ Pourâna.

Ce manuscrit paroît être la dernière section de la 1.ʳᵉ partie du Brahmâ Pourâna. Excepté les trois premières feuilles qui manquent, cette section est entière, et est intitulée : *Swayambhou, Richi Sambâda*; conversation entre Brahmâ et les Richî. *Swayambhou* signifie celui qui existe par lui-même, et est une épithète de Brahmâ. Comme les premières feuilles manquent, il est impossible de savoir quels sont les Richî qu'il instruit. Par le dernier chapitre, pourtant où Vyâsa parle aux Mouni, en sa propre personne, il est clair que ce Pourâna a la même introduction que les autres, et que c'est Vyâsa qui raconte aux Mouni assemblés à Naîmisa, ce qui se passa entre Brahmâ et les Richî.

CHAPITRES.

1 et 2. Le premier manque. Du second il ne reste pas assez pour s'en former une idée générale ; mais il a rapport à l'adoration du soleil.

3. Sur les rites et cérémonies, pratiqués dans le culte du soleil.

4. Sur les différentes formes que le soleil prend dans les 12 mois de l'année.

5. Les 24 noms du soleil.

6 et 7. La naissance du soleil.

8. Les 108 noms du soleil.

9. Une description du pays, nommé Ekâmraka, situé près des sources du Gange.

10. Description du pays de Viradja.

11. Description de la ville d'Avanti, capitale d'Indradyoumna.

12. Marche du Râdjah Indradyoumna d'Avanti à Pourousotama.

13. Description du pays de Pourousotama, de ses habitans et de ses productions.

14. La construction du temple de Djagannâtha, en Pourousotama, et le sacrifice d'un cheval.

15 à 17. La consécration et l'emplacement des trois statues de Krichna, Vala et Soubhadrâ, leur sœur

18 à 22. L'histoire de Mârkandeya; sa conversation avec Vichnou; un ruisseau consacré à ce dieu, qui coule près de l'image de Sida, dans le Pourousotama.

23. Les rites et cérémonies pratiqués dans le culte de Djagannâtha, de Valbhadra et de Soubhadra.

24. La consécration de la statue de Narsingha.

25. De la statue de Sweta Mâdhava, avec l'histoire du Râdjah Sweta.

26. De la statue de Matsya Mâdhava ou de Vichnou Pisciforme.

27. De l'ablution dans la mer.

28 à 34. Rituel des cérémonies que doivent observer les pélerins qui visitent le temple de Djagannâtha, avec leurs recompenses temporelles et spirituelles.

35 et 36. Seconde description du pays de Pourousotama.

37. De la statue d'Anânta Vâsoudêva.

38. Brahmâ invite les Richi à offrir leurs dévotions à Djagannâtha, en Pourousotama, son pays favori, et disparoît.

39. Viâsa raconte les aventures du Mouni Kandou; ce poëme est d'une grande beauté et paroîtroit fort gracieux dans les langues occidentales. HAMILTON.

VI. (3) *Bhâgavat Guitâ*, dialogue entre Krichna et Ardjouna, tiré du Mahâbhârata; il a été traduit en anglais par M. Wilkins, et de l'anglais en français par M. Parraud, en 1787, un vol. in-8.º

VII. (8). *Bhâgavat Guitâ*, autre exemplaire du même ouvrage, auquel on a joint le *Vichnou Sahsra Nâma*, (les mille noms de Vichnou), autre extrait du Mahâbhârata.

VIII. (28) *Bhâgavat Guitâ*, autre copie du

même ouvrage, auquel on a joint cinq autres fragmens du Mahâbhârata.

IX. (26). *Iwâlâ Moukhi*, (le puits embrâsé). Compilation rédigée en forme de dialogue entre Siva et Dourgâ. On y trouve l'explication de l'origine fabuleuse des volcans et des puits ardens (a), des détails sur les cérémonies religieuses qu'on doit observer dans ces lieux de dévotion, et des chants en l'honneur de la déesse Dourgâ, sous la forme de *Iwâlâ Moukhi dévi*.

X. (1). *Sadanga Pâta*, poëme en six livres, tiré de quelques Pourâna.

XI. (6). *Roudra Yâmala tantra*, ou plutôt extraits du *Roudra Yâmala tantra* touchant le culte, les noms et les actions de la déesse Dourgâ. Ces extraits sont rédigés en forme de dialogue entre cette déesse et Siva. — M. Colebrooke regarde le Roudra Yâmala, comme un des plus anciens tantra, en comparaison duquel la plupart des autres sont modernes. (LANGLÈS).

XII. (36). *Roudra Yâmala tantra*, autre extrait du même ouvrage relatif à *Vatouka Bhaïrava*, descendant de Siva ou Bacchus.

XIII. (20). *Koula Arnava*, (la mer des familles), dialogue entre Dourgâ et Siva, extrait probablement du même tantra. On y traite des

---

(a) Ces sources enflammées de Naphthe, que les Hindoux adorent, et pour lesquelles ils viennent jusqu'à Bakoù, sur les bords de la mer Caspienne, sont décrites avec beaucoup de circonstances curieuses, dans le 4⁰. vol. des *Asiatick Researches*, et dans le voyage du Bengale à Saint-Pétersbourg, etc., par G. Forster, tom. III, pag. 9 de ma traduction. (LANGLÈS).

devoirs des différentes classes de la société et des distinctions qui existent entre elles.

XIV. (13). *Apadoudharana Mantra*, (enchantement qui préserve des malheurs). C'est encore un extrait du Tantra ci-dessus mentionné, dialogue entre Dourgâ et Siva, touchant les exploits et les titres de Vatouka Bhaïrava.

XV. (14). *Tchinnamasta*; (la coupe tête; nom de Dourgâ). Extrait du même Tantra, contenant des hymnes.

XVI. (5). *Ganésa Stotra*, (louanges de Ganès) ou Janus. Extrait du susdit Tantra.

XVII. (31). *Kirat Ardjounià*, poëme composé par Djana Râdjah, sur la rencontre d'Ardjouna avec Siva. — *Nota*. Le même ouvrage se trouve dans le Catalogue des manuscrits de Jones, par M. Wilkins, n.° 27, sous le titre de *Ciràtàrjunia*. Prononcez Kirâtârdjounia. (LANGLÈS).

XVIII. (25). *Bhavâni Stotra*, (éloges de Dourgâ), composé par Soundara Atcharia.

XIX. (2). *Kousoumandjali* (l'offrande de fleurs), contenant des hymnes à Siva et à Dourgâ. Composé par Djagat Dhera, Pandit du Kachmir.

XX. (34). Ce carton contient trois ouvrages :

1.° *Itihâsa Samoutchaya*, collection de différens extraits du Mahâbhârata.

2.° *Guyatis Retna Mâla*. (Collier de perles en astronomie); c'est un traité d'astrologie judiciaire.

3.° *Aditya Hridaya*, (soleil de l'intelligence). Dialogue entre Krichna et Ardjouna, extrait du Bhavisia Pourâna.

XXI. (10). *Souria Pâtaka*, marche du soleil). Par Mayoura Battatcharia.

XXII. (23). *Haritâlika*, description très-détaillée de toutes les cérémonies qui se pratiquent aux fêtes religieuses ainsi nommées. C'est un dialogue entre Siva et Dourgâ, tiré du Skanda Pourâna.

XXIII. (197). *Samaya Pradipa*, (indices des tems). Ce sont les fastes de l'Inde éclaircis par des extraits des Pourânas. Ouvrage composé par Sridatta.

XXIV. (15). Extraits choisis dans différens Pourâna et Mantra. On a supprimé les titres des ouvrages originaux et les noms des auteurs.

Nota. Chaque Vêda est divisé en deux parties, les *Mantra*, ou prières, et les *Brâhmana*, ou préceptes divins. Voy. Colebrooke, *On the vedas*, tom. VIII, p. 378, des *Asiatick researches*. (LANGLÈS.)

XXV. (7). Deux almanachs.

XXVI. (16). *Dévi Mahatmia*, (louanges de la déesse Dourgâ). Extrait du Mârkandeya Pourâna.

XXVII. (16). *Dévi Mahatmia*, deux exemplaires de l'ouvrage précédent enfermés dans la même boîte. Tous trois ont été copiés par le Pandit Bhagâvan.

XXVIII. (18). *Hara Tcharita Tchintamani*, (réflexions sur les actions de Siva), par Djayadrat'hra.

XXIX. (17). *Swayambhèra*, (la vierge qui se choisit elle-même un époux). Premier acte d'un drame composé par Hinoumân.

XXX. (21). *Savriti Brata*, (cérémonies de la purification). Extrait du Skanda Pourâna.

XXXI. (30). *Koula Pradipa*, (la lampe des familles). Traité des devoirs des différentes classes. Par Sivânânda Atcharia.

XXXII. Rouleau contenant un horoscope tiré en 1704, de l'ère sambat, qui correspond à 1570 de l'ère sâka, c'est-à-dire celle du râdjah sâlibâhâna (1648 de J.-C.)

XXXIII. *Amara-Kocha*, Dictionnaire samskrit, composé par Amara Singha.

Amara-Kocha, ou Amer-Koche, suivant l'ortographe de M. Anquetil du Perrón, signifie le dictionnaire, ou plutôt le trésor d'Amara, savant Hindou, conseiller du célèbre Râdjah Vikramaditiya, et dont le nom entier est Amara-Singha, (Lion immortel); car tous les noms samskrits ont une signification. Cette opinion n'est pas à beaucoup près, celle du P. Paulin de Saint-Barthélemi, qui ne se croit pas obligé de l'adopter, dit-il, parce qu'elle ne repose sur aucune preuve. Ce savant invoque le témoignage du P. Hanxleden, qui étoit très-versé dans la langue samskrite, et qui, en citant le dictionnaire dont il s'agit, s'exprime ainsi : *Amarasinham, hum livro, vocabulario do Grandam* (*amarasinham*; un livre vocabulaire du Grandam). — Amara, continue le P. Paulin, désigne la guerre, un général d'armée et le pilote d'un vaisseau, Amaram, la poupe d'un vaisseau ; et Amaren, un immortel, un génie, Dieu; Sinha (ou Singha), un lion. De-là le mot composé Amara-Sinham. La plus convenable de ces significations, est celle qui représente cet ouvrage comme un lion courageux en général.... D'après des renseignemens ultérieurs, et sur-tout d'après les observations d'un Hindou, nommé Tchandra Rachan, très-versé dans la langue samskrite, notre savant voyageur pense qu'au lieu d'Amara-Sinha, il faut écrire *Amara-Tchinha* (les signes célestes); car Amara signifie le ciel et les dieux célestes; Tchinha, signe ou indice qui sert à distinguer une chose d'une autre. Une autre raison qui détermine le P. Paulin à ne pas reconnoître pour auteur du dictionnaire dont il s'agit, Amarasingha, conseiller de Vikramaditiya, et qui florissoit conséquemment dans le premier siècle, avant l'ère vulgaire, ce sont les caractères d'antiquité qu'il retrouve dans cet ouvrage. Il doit avoir été composé dès les commencemens de l'idolâtrie indienne, puisqu'on y reconnoît tous les principes de cette idolâtrie et de sa lithurgie; on peut même conjecturer, avec beaucoup de probabilité, que c'est le premier livre de prières dont les Brâhmanes aient fait usage au commencement de leur idolâtrie: en effet, on y retrouve les noms et les attributs des dieux, que les Hindoux ont toujours à la bouche. Je ne me permettrai pas de décider jusqu'à quel point est fondée l'opinion du P. Paulin de Saint-Barthélemi; mais, malgré la haute estime que j'ai pour ses rares connoissances, je ne puis m'empêcher de pencher pour l'avis des savans de Calcutta, qui est aussi celui de M. Anquetil du Perron, surtout pour ce qui concerne le titre même du livre. Ce titre, comme on peut s'en convaincre en examinant les deux manuscrits de la Bibliothèque Imperiale, porte Amara Kosa, mots qu'on peut traduire par dictionnaire, trésor d'Amara, ou dictionnaire divin, céleste; c'est ce que je ne puis décider: mais il est certain que le mot samskrit *Kosa* ou *Kocha*, signifie trésor, dictionnaire, vocabulaire, et fait partie du titre de tous les dictionnaires samskrits.

Celui-ci est le plus complet et sur-tout le plus exact que l'on connoisse en samskrit; et sous ce rapport, le titre d'*Amara* ou immortel, lui convient bien. Il est divisé en 15 sections ou chapitres, qui renferment les noms des dieux, des astres, des élémens, des objets spirituels, des sciences, des couleurs, de la terre, du monde, des montagnes, des fleuves, des arbres, des plantes, des animaux, des hommes, des tribus Indiennes, des sacrifices, de l'agriculture, des arts mécaniques, etc, etc., La 16.e section *Nanártha-Varga*, renferme les mots et les expressions qui ont plusieurs significations. Les adverbes et les mots indéclinables, se trouvent dans la 17e. section *Avya-Varga*. Le dernier chapitre est un traité des genres des noms. L'original de ce dictionnaire est écrit en vers, et ne contient pas plus de 10,000 mots radicaux, malgré la richesse du samskrit, et cependant aucun mot essentiel n'est omis; parmi les innombrables composés, l'auteur n'a donné que ceux qui ont un sens bien déterminé, tels que les titres ou épithètes des divinités, etc. Il en existe des traductions en différentes langues indiennes, telles que le Tamoul et le Malabar. Ces traductions, dans le midi de l'Inde, se nomment Tamouskoutta.

Le P. Paulin de Saint-Barthélemi, a publié à Rome, en 1798, la première section de cet important dictionnaire en caractères tamouls, sous le titre d'*Amarasingha, sectio prima, de Cœlo, ex tribus ineditis codicibus manuscriptis, Romæ, apud Antonium Fulgonium* in-4.° Quoique ce volume ne soit pas très-considérable, ce n'est pas le moins important de ceux qui composent la précieuse collection d'ouvrages publiés par ce savant, sur la littérature orientale.

Le laconisme que Amara-Singha affecta dans la rédaction de son dictionnaire, a dû causer des lacunes considérables, des obscurités auxquelles de nombreux commentateurs se sont chargés de suppléer. Notre intention n'est pas de donner la notice de ces supplémens et commentaires, parmi lesquels on distingue surtout les ouvrages de Médinikar, de Maheswara, de Vrihaspati, surnommé Moukouta, etc; je me contenterai de citer le Hârâvaly ou vocabulaire de mots peu usités, par Pourouchôtama, auteur d'un ouvrage étymologique et d'une petite collection de monogrammes intitulée ; *Ekâkchara*; il compila le Hârâvaly, sous les auspices de Dhrita Sinha. Médinikar en fait mention, et il y a lieu de croire que cet ouvrage est antérieur au Viswa Prakasa de Maheswara. Je ne dois pas oublier non plus de mentionner le *Namamâlâ*, que nous possédons à la Bibliothèque Impériale, sous le n.° XLIII des mss. dêv. Je ne terminerai pas cette note, sans communiquer au lecteur, un doute sur l'époque où vivoit Amara Singha, nous l'avons placé sous le règne de Vikramaditya, qui florissoit dans le premier siècle, avant J.-C. et en cela, nous avons suivi l'opinion, généralement adoptée, par les plus célèbres Indianistes de l'Angleterre, tels que MM. Jones, Wilkins, Alex. Hamilton, etc. Mais un autre savant dont l'opinion n'est pas à beaucoup près à dédaigner, M. Bentley a composé un mémoire, (n.° 6 du tom. VIII. des *Asiatick Researches*), pour prouver que le Vikramaditya, si célèbre dans les annales des Indes, par l'accueil qu'il faisoit aux savans, n'est point le même qui a donné son nom à une ère, qui date de 56 ans avant J.-C.; mais qu'il vivoit aussi bien qu'Amara Singha, Maheswara, auteur du Sourya Siddhanta et autres savans, qui ont rendu son règne si fameux, dans le 10.e et 11.e siècle de l'ère vulgaire. LANGLÈS.

XXXIV. (33). *Ganêsa Kavatcha*, (l'armure de Ganêsa). Ce sont des hymnes en l'honneur de Ganêsa, extraits du Brahmâ Vaïvartika Pourâna. Voyez n.° VIII des manuscrits samskrits en caractères bengali.

XXXV. (19). *Vrata Sara*, traité de l'accomplissement des actes religieux; par Sridatta. Incomplet.

XXXVI. (29). Horoscope d'un enfant né en 1796 de l'ère sambat, ou du Râdjah Vikramaditya, qui correspond à l'an 1661 de l'ère saka. (Du Râdjah Salibâhana. 1739 de J.-C.)

XXXVII. (137). Ouvrage en vers, incomplet et sans titre, ni nom d'auteur. C'est un Traité de Mythologie hindoue.

XXXVIII. (2, 14. — a, b, c.) *Amara Kôcha.* Dictionnaire samskrit, composé par Amara Singha, avec un Commentaire par Bhânoudjî Dikhyita, en trois volumes. Voyez sur ce Commentaire intitulé *Vyâkyâ Soudhâ*, ma notice de l'*Amara Singha* ci-dessus, pag. 25.

XXXIX. (15. — a, b, c, d, e,). Autre copie du même ouvrage, en 5 volumes.

XL. (12). *Raghouvansa*, histoire des descendans de Raghou, poëme épique de Kalidâsa. Voyez n.° XXV des manuscrits samskrits en caractères bengali. Histoire de la race de Krichna, suivant *Jones's* manuscrits, n.° 14, ou des enfans du soleil, n.° 58 du même Catalogue.

XLI. (58). *Kâtantra Vriti*, Grammaire samskrite, composée par Kalâpa.

XLII. (24). *Srâddha Vibeka Vidhâna*, éclaircissement des doutes touchant les cérémonies funéraires, par Roudra Dhèra.

Srâddha désigne le sacrifice que l'on offre aux *Pitri Dêva*, ou mânes des ancêtres. (LANGLÈS).

XLIII. (11). *Koumâra Sambhava*, poëme épique sur la naissance de Kartika ou Koumara, le dieu de la guerre. Composé par Kâlidâsa. Voyez Jones's Catalogue, n.° 11. Nous possédons un second exemplaire du même poëme, en caractères bengali, n.° LXXXVII.

« La poésie fut l'aimable fille de Vâlmîki, et ayant été élevée par Vyâsa, elle choisit Kâlidâsa pour son fiancé, à la manière de Viderbha. Elle fut mère d'Amara, de Soundan, de Sank'ha, de Dhanik : mais maintenant vieille et caduque, sa beauté est flétrie; ses pieds, dépouillés d'ornemens, glissent quand elle veut marcher au milieu des hameaux, où elle dédaigne de choisir une habitation ». Tel est le jugement que les Indiens portent sur Kâlidâsa et sur leur poésie actuelle. Nous possédons à la bibliothèque impériale plusieurs ouvrages de ce poète, que les pandits et les savans académiciens de Calcutta s'accordent à regarder comme un génie supérieur. Mais ils ne sont pas autant d'accord sur l'époque où il florissoit. MM. Jones, Wilkins, Colebrooke, etc., le placent à la cour de Vikramaditya, monarque célèbre par son amour pour les sciences et les savans, qui mourut 56 ans avant l'ère chrétienne. Mais M. Bentley affirme, dans le VIII° volume des *Recherches asiatiques*, que le Vikramaditya, qui accueillit Kâlidâsa et d'autres poètes et savans, florissoit de 982 à 1082 de J.-C... *Et adhuc sub judice lis est.* V. ci-des. p. 6 et 26.

Ce Poëme samskrit est remarquable autant par l'unité d'action, que par l'élégance du style. (LANGLÈS).

XLIV. (9). *Méghadouta*, (le Nuage Voyageur), poëme. Nous possédons deux autres exemplaires du même ouvrage en caractères bengali, sous les n.ᵒˢ CXV, CLXXII. Voyez aussi Jones's *orient. manuscrits*, n.° 24.

Manuscrits samskrits en caractères bengali.

I. (82). *Linga Pourâna*, histoire du Phallus; emblême sous lequel on représente Siva (le Bacchus indien). Ce manuscrit est incomplet; il n'a ni commencement ni fin.

Le contenu de l'ouvrage ne répond pas à son titre; peut-être étoit-ce en vue de tromper la bonne foi de l'Européen qui l'a acheté, qu'on lui a donné ce titre. Le manuscrit est ancien, mais il renferme quelques feuilles de palmier d'une écriture récente, placées au commencement et à la fin. Sur les premières se trouve l'introduction au Lingha Pourâna, suivie de 16 chapitres successifs de cet ouvrage, ce qui justifie en partie son titre; mais comment expliquer l'erreur grossière qui se trouve sur la dernière feuille? « Voici la fin de la première partie du Lingha Pourâna qui traite des Tirtha et de leur excellence. Ici doit commencer la seconde partie ».

Ce manuscrit contient une section appelée Tirtha Kanda, tirée d'un ouvrage intitulé Kalpa Tarou, c'est-à-dire *Arbre du desir*, composé ou plutôt compilé par Lekhmidhara Pandit. Dans cette section, l'auteur a rassemblé des différens Pourâna, tout ce qui s'y trouve sur les tirtha, endroits où les Indiens vont pour faire leurs ablutions à certaines époques. Voici l'ordre qu'il a suivi.

1. De la sainteté de Vârânasi, extrait du Lingha Pourâna.
2. ——— de Prayâga,   — du Matsya Pourâna.
3. ——— de Gangâ,   — du Mahâbhârata.
4. ——— de Gangâ,   — du Matsya Pourâna.
5. ——— de Kouroukhetra, — du Vâmana Pourâna.

6. De la sainteté de Prithouka, extrait du Mahâbhârata.
7. ———— de Pouskara.
8. ———— de Mathourâ, — du Varâha Pourâna.
9. ———— de Oudjaïni, — du Brahmâ Pourâna.
10. ———— de Narmadâ, — du Matsya Pourâna.
11. ———— de Koubdjamraka,— du Varâha Pourâna.
12. ———— de Saoukara.
13. ———— de Kokâmoukha.
14. ———— de Vadarikâ, — du Varâha Pourâna.
15. ———— de Salgrâma.
16. ———— de Stoutaswâmi.
17. ———— de Douârakâ.
18. ———— de Lohakoula.
19. ———— de Kedara, — du Kalikâ Pourâna.
20. ———— de Naïmisa, — Mahâbhârata.

II. (100). *Kalika Pourâna*, histoire de la déesse Kalika. L'Hécate indienne.

III. (18). Autre exemplaire du même ouvrage.

IV. (84). *Outkal Khanda*, histoire de la province d'Outkal (Orissa), extraite du Skanda Pourâna, avec une description de Poursatim ou Djagguernat'ha. Dialogue entre Djaïmini, fondateur d'une secte hétérodoxe, et les prêtres qui faisoient les sacrifices des douze années, dans la forêt du Naïmesa. L'origine des pratiques religieuses, observées à Djagguernat'ha, sur la côte d'Orissa ou Oudra, est indiquée, dans cette histoire, d'une manière assez conforme, à ce qu'en raconte M. Anquetil du Perron. Indradyoumna, Râdjah d'Avanti ou d'Oudjeïn, établit ces cérémonies religieuses et fonda le temple où Vichnou est adoré sous la forme d'un lingam de bois; entre autres épisodes, on en remarque un sur Kopteswari et Billes, qui fut ensuite métamorphosé en tourterelle. Cette histoire a quelque ressemblance avec celle de Sémiramis et de Bélus.

I.er Chap. L'introduction. Les Mouni disciples de Djaïmini, disent : « Déjà, ô sage à jamais vénérable, » tu nous as instruits, touchant la sainteté et les » rites de plusieurs lieux sacrés : daigne nous » éclairer maintenant, sur ceux de Pourousotama, » et sur le ligniforme Vichnou, qui y fait son » séjour ».

2. Djaïmini commence ses instructions. Après la création, Vichnou choisit Pourousotama, pour son séjour favori : Brahmâ et les dieux l'y adorent.

3. Les avantures de Mârkandeya.

4 et 5. L'histoire de Poundarika et d'Ambouricha.

6. La description du pays d'Outkala.

7. Indradyoumna, roi d'Oudjjaïni, demande quelle terre est la plus sacrée : les prêtres sont embarassés pour lui répondre. Un inconnu paroît, explique les avantages que possède Pourousotama, après quoi il disparoît.

8. Indradyoumna envoie le grand-prêtre pour y prendre des renseignemens.

9 et 10. Voyage de Vidyapati et son retour.

11. Nârèda vient au Paradis de Brahmâ et accompagne le roi dans son voyage. Leur départ; leur arrivée à Ekâmraka.

12. Comment Ekâmraka devint le séjour de Mahâdeva et de Dourgâ.

13. Indradyoumna et Nârèda, arrivent à Kapotesasthali; l'histoire du chef des Colombes et de Bilwèsa.

14. Ils arrivent à Pourousotama, mais ils apprennent

que la statue de Vichnou, appelée Nila Màdhava a disparu.

15. Indradyoumna érige un temple et y place une statue du Narsingha.

16 et 17. Indradyoumna célèbre un sacrifice, avec une magnificence inconnue jusqu'alors. Les Dêva et tous les rois de la terre y assistent. Le nombre des chevaux sacrifiés comme victimes, est immense.

18. Le ligniforme Vichnou, est découvert flottant sur l'océan ; il est rapporté avec les cérémonies convenables.

19. Viswakarma, (l'architecte céleste), en fait 4 statues, savoir : une de Krichna, une de Valarâma, une double du Soubhadrâ et Krichna, unis en hermaphrodite.

20 et 21. Indradyoumna, bâtit un temple pour leur réception.

22—60. Les chapitres suivans ne contiennent qu'un rituel très-ample, des cérémonies qui doivent être pratiquées à Pourousotama, dans le culte de Djaganâtha, et une liste des personnages considérables, qui y ont assisté. HAMILTON.

En altérant les noms et quelques passages de son manuscrit, un Pandit avoit persuadé à M. Wilford, que le Skanda Pourâna renfermoit des matériaux très-précieux, sur l'histoire et la géographie de l'Egypte ; et c'est d'après ces matériaux surtout que ce savant a composé sa longue et curieuse dissertation, sur l'Egypte et le Nil, qui se trouve dans le 3.ᵉ vol. des *Asiatick researches* ; mais ayant découvert l'insigne fourberie de son Brâhmane, M. Wilford l'a lui-même dénoncé et a avoué dans le tome VIII de la même collection académique, les erreurs qu'on lui avoit fait commettre, avec cette franchise et cette candeur qui caractérisent le vrai savant. LANGLÈS.

V, VI, VII. (16, 142). *Kâsi Khanda*, histoire de Bénarès, tirée du Skanda Pourâna, 3 volumes.

Kâsi est l'ancien nom de la ville de Vârânasi, changé par les Musulmans en Bénarès. Voici la table des matières de cet ouvrage :

1.ᵉʳ Chap. Élévation de la montagne Vindhya.
2. La route du soleil dans les cieux se trouve fermée.
3. Description de la retraite de l'hermite Agasti.
4. Les aventures de Lopâmoudrâ, femme d'Agasti.
5. Agasti abaisse la montagne Vindhya, pour laisser libre la route du soleil.
6. Des lieux sacrés.
7. Description des sept villes sacrées.
8. ———— de la résidence de Yama.
9. ———— du soleil.
10. ———— d'Indra et de Agni.
11. ———— d'Agni, dieu du feu.
12. ———— de Varouna, dieu des eaux.
13. ———— de Pavana et de Kouvera.
14. ———— de la lune.
15. ———— de la sphère des étoiles et de la planète de Mercure.
16. ———— de la planète de Vénus.
17. ———— des planètes de Mars, Jupiter et Saturne.
18. ———— des 7 *Richi*, ou les septemtriones.
19 à 21. ———— de Dhrouva ou l'étoile polaire.
22. ———— des paradis de Brahmâ, Vichnou et Mahâdêva.
23. Mahâdêva établit Vichnou gouverneur du monde.
24. Siva Sarmana jouit de la béatitude dans le paradis de Vichnou.
25. Agasti rencontre le dieu Skanda.
26. De l'endroit saint à Kâsi, appelé Manikarnika.

27 et 28. De la sainteté de Gangâ.
29. Les 1000 noms de Gangâ.
30. Les mystères de Vârânasi.
31. De l'apparition de Bhaïrava.
32. ——————— de Dandapâni.
33 et 34. De la fontaine appelée Ghayânavâpi.
35. Des mœurs.
36. Des devoirs d'un brahmatchâri.
37. Des indices par lesquels on peut distinguer les qualités des femmes.
38. Des mœurs.
39. De l'origine du Phallus, nommé Avimouktes.
40. Des devoirs d'un père de famille.
41. Des devoirs d'un yoghi. (Religieux).
42. Des règles pour juger du temps qu'on a à vivre.
43. De la puissance de Divadâsa.
44. Description de Kâsi.
45. L'arrivée à Kâsi de 64 yoghini envoyés par Mahâdêva.
46. De la statue du soleil à Kâsi, appelée Lolarka.
47. De celle appelée Sambaditya.
48. De Draoupadâditya et de Mayouthâditya.
49. De Thathandaditya et du Phallus, appelé Garoudès.
50. et 51. Des statues du soleil érigées par Arouna, Vriddha, Kêsava, Vimala, Gangâ et Yama.
52. De l'endroit saint de Kâsi, appelé Dasâswamedhika.
53. Mahâdêva envoye ses gens à Kâsi.
54. De l'endroit où le Pisatcha obtint la béatitude.
55. Description de Kâsi.
56. Des illusions de Ganêsa.
57. De l'apparition de Toundi.
58. De l'apothéose de Divadâsa.
59. De l'origine des cinq fleuves.

Le man. n.° 6 du nouveau Catalogue contient le second volume du Kâsi Khanda, ou la section qui traite de la ville de Kâsi (Bénarès), il commence où se termine le premier volume ci-dessus, numéroté 5.

CHAPITRES :

60. De la statue de Mâdhava, érigée par Agni Bindou.
61. Des lieux saints de Kâsi, qui doivent être visités par les adorateurs de Vichnou.
62. Du retour de Mahâdêva à Kâsi.
63. Du Phallus nommé Djyestes.
64. Des mystères de la ville Sainte.
65. De l'origine des Phallus, nommés Kantakes et Vyâghres.
66. Du Phallus Sailès.
67. Du Phallus Ratnes.
68. De l'origine du Phallus Kritibâsa.
69. De 68 Lieux Saints de Kâsi (Bénarès).
70. Des statues des dieux.
71. De la défaite et mort de Dourgâ, en conséquence desquelles, la déesse qui le vainquit, prit le nom de Dourgâ.
72. De la victoire de Dourgâ.

Le manuscrit n.° 7, du nouveau Catalogue, compose le 3.e vol. de la section intitulée, Kâsi. Cette section est entière, ainsi que celle du même Pourâna, intitulée Outkala.

La ville de Kâsi (Bénarès), est consacrée à Mahâdêva, adoré sous l'emblême du Phallus, et cette section traite principalement de celles qui parmi ces divinités étranges sont les plus célèbres, et donne l'histoire réelle ou mythologique de leurs fondateurs.

CHAPITRES :

73 et 74. De la sainteté du Phallus Omkâra, ainsi dénommé de la syllabe mystique *Om*.

75. De l'origine du Phallus   Tripistapa.
76. —————————   Trilotchana.
77. —————————   Kedâra.
78 et 79. —————————   Dharmesa.
80. Rites de la fête de Dourgâ, appelée Manaratha Tritiya.
81. Des Phallus Dharmesa.
82, 83 et 84. L'origine de Vires.
85. La pénitence de Dourvâsa.
86. L'origine de Viswakarmes.
87. Le sacrifice de Dakhya.
88. Sati se jette dans le feu du sacrifice.
89. L'origine de Dakhyes.
90. La description de Pârvatia.
91. La sainteté de Ganghes.
92. De Narmades.
93. De l'origine de Satis.
94. L'origine du Phallus Amrites.
95. Le pélérinage de Vyâsa.
96. Vyâsa donne sa malédiction à la ville de Kâsi (Bénarès).
97. Description de la Terre-Sainte de Kâsi.
98 et 99. De l'origine de Moukti Mandapa.
100. Récapitulation des matières et conclusion.

VIII. (108). *Brahmâ Vaïvartikâ Pourâna*, contenant l'origine des Dieux ; et particulièrement des détails sur Ganêsa, Krichna et Dourgâ. Il est en forme de dialogue entre Nârâyena et Nâreda, copié par Krichna Râma Dêva, en 1652 du Sakâbda (1730 de J.-C.)

Ce Pourâna est très-remarquable, en ce qu'il présente un système de théisme singulièrement pur, sans mélange de polythéisme. Krichna y paroît comme l'être éternel, incorporel, incréé, d'où tous les autres tirent leur origine. Les trois personnes de la Trinité indienne ne sont pas seulement créées, mais elles sont même mortelles ; ainsi elles n'y figurent même pas comme les anges de Mohhammed. Une destruction totale suit chaque *Nimesa*, ou clin-d'œil de Krichna, et voici manifestement l'origine de la déesse grecque Némésia. Cette période comprend la vie entière de Brahmâ, Vichnou et Mâhàdêva.

L'ouvrage consiste en 4 sections : la 1.re est intitulée Brahmâ ; la 2.me Prakriti ; la 3.me Ganapati ; la 4.me Krichna Djanma, ou la naissance de l'avatâra, nommé Krichna. La 1.re et la 4.me sont incomplettes dans le man. de la Bibl. Imp. Les deux autres sont entières.

PREMIÈRE SECTION. Brahmâ.

Le 1.er chapitre consiste dans l'introduction ordinaire. Saouti, savant disciple de Vyâsa, vient dans la forêt de Naïmesa, où il trouve les Brâhmanes, descendans de Saounaka, occupés à faire un sacrifice, dont la durée est de douze ans. Enchantés de cette occasion de s'instruire, ils lui font mille questions. Il leur répond : Tout ce que vous me demandez, est contenu dans le Brahmâ-Vaïvartikâ Pourâna, qui m'a été communiqué par Vyâsa, et que je vais maintenant vous révéler. Les quatre chap. suivans donnent la création de Prakriti, Vichnou, Siva, Brahmâ, Sereswati et Dourgâ. On y voit le Brahmânda, ou œuf du monde, flotter sur l'immensité des eaux. Deux chap. expliquent le débrouillement du chaos, ou Brahmânda par Brahmâ. Trois chap. contiennent les créations de Brahmâ. Avec sa femme Sâvitri, il engendre les Vêdas. Les Richi et les quatre Castes sortent de son corps. Nâreda, un de ses fils, se plaignant d'être sans compagne, est condamné à devenir Gandharva, ou musi-

tien céleste. Le 10.e chap. traite de l'origine des classes
mixtes. Le 11.e et le 12.e, de la naissance de Nâreda, en
qualité de Gandharva. Les 13.e et 14.e renferment la plainte
de Mâlâvati, femme de Nâreda, sur la mort de son mari.
Le 15.e, sa conversation avec le Dieu du tems. Le 16.e
est consacré aux noms des ouvrages sur la médecine, qui
composent le Ayourvêda. Dans les 17.e, 18.e et 19.e
chap., on trouve la restauration de Nâreda à la vie, en
récompense du fidèle amour de Mâlâvati. Le 20.e présente la conclusion de leur vie, leur mort, leur renaissance et leur mariage pour une seconde fois à Kânaya,
qui est la ville de Kanoudje. Le détail de leur vie dans
cette nouvelle naissance, occupe les 4 chap. suivans,
qui terminent la section, laquelle est manifestement incomplète.

Les 3 sections suivantes consistent en des instructions
communiquées à Nâreda par un Richi, nommé Nârâyena.

Deuxième Section. Prakriti.

1. La nature de Prakriti. 2. La création des déesses.
3. La création du monde. 4, 5 et 6. Prakriti paroît sous
cinq formes différentes ; savoir : Sereswati, Sâvitri,
Lekhymi, Râdhâ et Dourgâ. L'histoire de Sereswati ;
son mariage avec Vichnou, sa descente sur la terre comme
rivière. 7. L'histoire de Prithvi, la déesse Terra. 8, 9
et 10. L'histoire de Gangâ et son mariage avec Vichnou ;
sa descente sur la terre comme fleuve. 11 à 22. L'histoire
de Toulasi ; son mariage sur la terre avec Sankha ; son apothéose et son mariage avec Vichnou ; sa transformation en
arbre. 23 à 32. L'histoire de Sâvitri, femme de Brahmâ.
33 à 37. L'histoire de Lekhymi ; son mariage avec
Vichnou ; sa descente sur la terre comme fille de l'Océan.
38. L'histoire de Swâdhâ, femme d'Agni, Dieu du feu.
39. L'histoire de Swâdhâ, femme des Pitri ou Dieux mânes.

40. L'histoire de Dakhyini, femme de Yagghis, Dieu du sacrifice. 41. L'histoire de Sasti, déesse de la jeunesse, et femme de Skanda; et de Mangalâ-Khandi, une des formes de Dourgâ. 42. L'histoire de Manasâ, déesse des serpens, femme du Richi Djaratkârou. 43. L'histoire du Sourabhi, la vache céleste, emblème de l'abondance. 44 à 55. L'histoire de Râdhâ, la première forme de Prakriti, femme de Krichna lui-même; sa descente sur terre, comme bergère à Vrindâvan; son mariage avec l'Avatâra Krichna. 56 à 63. Les rites et cérémonies pratiqués dans l'adoration de Dourgâ; l'histoire de Souratha, un roi qui, ayant perdu son royaume, le regagna par la protection de Dourgâ; les mariages de Dourgâ avec Mahâdêva, d'abord sous la forme de Sati, et dans un siècle subséquent, sous celle de Pârvati.

Troisième Section. Ganapati.

1 et 2. Le mariage de Pârvati avec Mahâdêva. 3 à 7. Le sacrifice offert à Krichna et Râdhâ, par Pârvati, afin de devenir mère. 8 et 10. La naissance de Ganêsa, portion de Krichna. 11 à 13. Les fêtes célébrées à cette occasion; l'arrivée de Sani, (la planète de Saturne) dont l'œil sinistre porte partout le malheur; en conséquence de quoi Ganêsa perd sa tête. 14 à 17. L'histoire de Kârtika, fils de Mahâdêva; son éducation chez la Nymphe K'ritika; son retour à Kaïlâsa. 18 à 20. Pour quelle cause Ganêsa perd sa tête ? Elle est remplacée par celle d'un éléphant donnée par Vichnou. 21 à 23. Les Dêva sont délaissés par Lekhymi, (la fortune) et conséquemment vaincus par les Daïtya, jusqu'à ce qu'ils la retrouvent dans l'Océan. 24 à 40. L'histoire du Parasourâma Avatâra. Son père étant tué par Ardjouna Râdjâh, il fait un vœu de détruire toute la race des Khyetryâ. Les Brahmânes les battent et tuent tous les

mâles de la classe guerrière. 41 à 46. Parasourâma vient à Kaïlasa. Sa querelle avec Ganêsa; il le prive d'une de ses défenses d'éléphant; leur réconciliation par la médiation de Vichnou. Parasourâma célèbre une fête en l'honneur de Siva, Dourgâ et Ganêsa.

QUATRIÈME SECTION. Krichna Djanma, ou naissance de Krichna.

1. Eloge des Vaïsnâva; leur prééminence sur les adorateurs des autres divinités. 2. L'intrigue de Krichna au ciel avec la nymphe Viradja découverte par Râdhâ; elle est changée en fleuve céleste. 3. Sridâma, le confident de Krichna, est condamné, par Râdhâ, à naître sur la terre en Asoura. Il règne sur toute la terre sous le nom de Sankha; épouse Toulasi, et prive les Dêva de leur territoire et de leurs honneurs. 4 à 6. Les Dêva s'adressent à Brahmâ, Vichnou et Mahâdêva, qui les accompagnent à Goloka, la résidence de Krichna; description très-poétique du ciel. Les Dêva ayant porté leurs plaintes, Krichna dit qu'il faut que tous les Dêva naissent sur la terre pour l'extirpation des Daïtya, (les Titans) et que lui-même il descendra dans les plaines de Vradja. 6 à 10. Ces chapitres manquent dans le manuscrit. Ils doivent contenir la naissance du Krichna, et comment il se tint caché avec son frère Valarâma, dans la maison d'un berger à Gokoula. 11. Sahasrakhya changé en Daïtya, par l'imprécation de Dourvâsa sauvé par l'attouchement de Krichna. 12. L'enfant cause la chûte d'une muraille en la touchant du pied. 13. Le Richi Garga révèle au berger Nanda la divinité de Krichna et sa grandeur future. 14. Nalakouvera métamorphosé en arbre, reprend sa forme par l'attouchement de Krichnâ. 15. Première rencontre de Krichna et Râdhâ sur la terre. 16. Krichna tue les Daïtya Vaka, Kesi et Pralambha. 17. Nanda, accompagné de tous les

bergers de Gokoula, quittent leurs habitations, et vont s'établir à Vrindâvan, où ils fondent la ville de ce nom. 18. Krichna donne la béatitude aux femmes de certains Brâhmanes, qui sont transportés à Goloka. 19. Les vaches des bergers ayant bu de l'eau infectée par des serpens, meurent, et sont rappelées à la vie par Krichna. 20. Un incendie est sur le point de consumer la forêt de Vrindâvan, Nanda célèbre un sacrifice à Indra, et l'incendie cesse. 21. Krichna empêche Nanda de sacrifier à la fête d'Indra, cela n'étant pas ordonné dans les Véda. 22. Krichna tue un âne d'une grandeur prodigieuse, qui répandoit la désolation dans un bois de palmiers. 23. Cet âne étoit le Daïtya Sahosika, ainsi métamorphosé par l'imprécation de Dourvâsa, à cause de sa lubricité. 24. L'histoire de Dourvâsa, une des formes de Siva. Elle est incomplète, et ici se termine le manuscrit.

Nota. Le Brahmâ Vaïvartikâ ne contient pas la généalogie des princes qui ont régné sur la terre, quoique cela soit essentiel dans un Pourâna, elle doit apparemment se trouver dans la partie qui manque à la première section. HAMILTON.

IX. (92). *Vâyou Pourâna*, histoire du dieu des vents.

Ce Pourâna est attribué à Vâyou. Parmi plusieurs sujets très-intéressans, on y trouve un récit circonstancié de la création de tout ce qui existe au ciel et sur la terre, avec la généalogie des premiers habitans; une notice chronologique des grandes périodes nommées Mansouantara, Kalpa, etc., une description de la terre divisée en Douipa, Varcha, etc., avec ses dimensions en Yodjen. Les Douipa ou presqu'îles sont au nombre de sept qui sont environnées d'un immense océan, au-delà duquel se trouve le pays et les montagnes d'Otala. Voici le nom de ces sept presqu'îles. Djambou, Augou, Yama, Yamala ou Malaya, Sank'ha, Kous'ha; et Varâha. Cette division de la terre habitable en sept parties ou climats, ressemble à celle que les Grecs et les Arabes ont adoptée. Le même Pourâna contient la description et la mesure des planètes, et des étoiles fixes, leur circonférence, leur distance relative, etc. Jones's catalogue of orient. manuscrits, n.° 6, et *Asiat. Research.* tom. III. p. 25 et 53.

(Langlès.)

X. (46). *Haya Sirsa*, (tête de cheval); chapitre extrait de quelqu'un des Pourâna: c'est un dialogue entre Vichnou et Brahmâ. Le premier donne des préceptes sur la manière de s'acquitter des cérémonies religieuses, de fonder des temples; sur la forme, la grandeur, l'attitude des images des différentes divinités, et les avantages qu'elles peuvent procurer aux dévots qui les adorent.

XI. (88). *Narasingha Pourâna*, histoire du 4.ᵉ Avatâra, ou incarnation de Vichnou en homme-lion. Cette copie a été écrite par Kisora Sarmana, en 1601 du sakâbda (1679 de J.-C.)

Ce manuscrit ne contient que la première partie du Pourâna, intitulée Narasingha Pourâna Adi. Ce titre donne lieu de croire qu'il y a encore une autre partie; celle-ci est entière. Voici les titres et le contenu des chapitres:

1.ᵉʳ Chap. Une multitude de dévots se trouvant assemblés à Prayâya (Allahâbâd) pour faire leurs ablutions dans la saison prescrite, ils visitèrent le Mouni Bharadwâdja qui les accompagna chez le Paourânika Souta. Ils le prièrent de leur communiquer le Narasingha Pourâna, et il leur récita ce Pourâna dont voici la substance :

2. Sur la division du temps.
3 à 5. De la création.
6. Les aventures de Mitra et de Varouna.
7 à 12. De Markandeya et sa victoire sur la mort.
13. De Yama, juge des enfers et de sa sœur.
14 et 15. Dialogue entre un Brahmâtchâri et une femme fidèle à son époux.
16 et 17. De l'arbre du monde.
18. Du charme des huit lettres.
19 et 20. Du soleil, de son mariage et de ses enfans.
21. De la naissance des vents.
22. Généalogie des rois de la race solaire.
23. Généalogie des rois de la race lunaire.
24. Des Menou et de leurs manaouantarâ.
25 à 27. L'histoire des rois de la race solaire.
28. L'histoire de ceux de la race lunaire jusqu'au roi Sântanou.
29. L'histoire des descendans du roi Santanou.
30. Traité de géographie.
31. L'histoire du roi Sahasrânika.
32. Des cérémonies religieuses.
33. De la cérémonie nommée Lakhya homa.
34. Des *Avatâra* ou incarnations de Vichnou.
35. De l'incarnation sous la forme d'un poisson.
36. De la seconde incarnation, ou la tortue.
37. De la troisième incarnation, ou le sanglier.
38. De la quatrième incarnation, ou l'homme-lion.
39. De la cinquième incarnation, ou le nain.
40. De la 6e. incarnation, ou Parasou Râma.
41 — 45. De la 7.e incarnation, ou l'histoire de Râma, roi d'Ayôdhyâ.
46. Des 8.e et 9e. incarnations, ou celles de Vala Râma et

Krichna. Il est remarquable que dans ce Pourâna, Bouddha n'est pas compté parmi les Avatâra, et qu'il est remplacé par Vala Râma, frère
de Krichna.

47. Liste des lieux sacrés sur le fleuve Sarayou.
48. De la dixième incarnation ou de Kalki.
49. La vue rendue à Soukra.
50. Cérémonie pour la consécration de la statue de Vichnou.
51. Des fleurs.
52 et 53. Des devoirs des quatre classes.
54. De la dévotion appelée Brahmâtchari.
55. Des devoirs d'un père de famille.
56. Des devoirs d'un hermite.
57. Des devoirs d'un pélerin.
58. De la méditation.
59. Du culte de Vichnou.
60. De la mort et béatitude du roi Sahasrânika.
61. Des noms secrets de Vichnou. HAMILTON.

XII. (37). *Vichnou Pourâna*, histoire de Vichnou, indiquée sous le n.° 85 du Catalogue imprimé.

XIII. *Agni Pourâna*, intitulé mal à propos *Vichnou Pourâna*.

Le Pourâna du dieu du feu est compris en entier dans le carton n.° 13 de notre nouveau catalogue; ce même carton contient aussi à la vérité une partie du Vichnou Pourâna; mais comme ce livre n'est pas complet, tandis que l'Agni Pourâna est entier, il est plus à propos d'indiquer ce dernier dans le catalogue; le Vichnou Pourâna, se trouvant d'ailleurs complet dans le carton précédent.

Chapitre 1.er Les Mouni de Naïmisa, interrogent Souta, sur les principes fondamentaux de la science. « Sur la même question que nous avons faite à Vyâsa, leur dit Souta, il nous a répondu que tout ce qu'on pouvoit désirer sur ce sujet, étoit développé dans le Pourâna qu'il avoit reçu du dieu du feu, et voici ce Pourâna tel que Vyâsa nous l'a communiqué».

2. De l'incarnation de Vichnou, sous la forme d'un poisson.
3 et 4. De celles de la tortue; de l'homme-lion; du sanglier; du nain et du Parasou-Râma.
5 — 10. Abrégé du Râmâyana, histoire de Râma, roi d'Ayôdhyâ.
11. Abrégé du Hérivansa, ou la généalogie et l'histoire de Krichna.
12 — 16. Abrégé du Mahâbhârata, ou de la guerre entre les Kourava et les Pândava.
17. Des incarnations de Bouddha et de Kalki.
18 et 19. De la création.
20 et 21. Des créations secondaires.
22 — 72. Du culte de Vichnou.
73. Du culte du soleil.
74 — 106. Du culte de Siva.
107. Du Menou Swâyambhouva, et de ses descendans.
108. De la géographie.
109. Des lieux consacrés.
110. De Gangâ (le Ganges).
111. De Prayâya (Allahâbâd).
112. De Vârânâsi (Bénarès).
113. Du fleuve Narmadâ et de la montagne de Sri.
114 à 117. De Gayâ et du culte qu'on y pratique aux mânes.
118. Des divisions de Djamboudouipa.
119. Des six autres Douipa.
120. De l'astronomie.
121 à 139. De l'astrologie.
140 à 146. Du culte de Koubdjikâ (Dourgâ).
147. Des Menouantara.
148. Des devoirs de chaque classe.
149 à 156. Des devoirs d'un père de famille et des sacrifices qu'il doit célébrer chez lui.

157. Des devoirs d'un hermite.
158. Des devoirs d'un yogui ou d'un pénitent ambulant.
159. Abrégé du Dharma Sastra, ou de la loi sacrée et civile.
160. Des sacrifices aux mânes.
161 à 164. De plusieurs cérémonies religieuses.
165 à 170. De la pénitence prescrite pour chaque faute et de l'expiation.
171 à 211. Fastes indiens, ou les cérémonies pour chaque jour de l'année.
212 à 240. Sur les devoirs des rois, du couronnement, ou plutôt de l'installation, de l'armée, de la guerre, des impôts, du trésor royal, des pierres précieuses, etc.
241. Abrégé du Dhanourvêda, ou de la science des armes; préceptes pour se servir de l'arc, de l'épée, de la lance, etc.
246 à 251. Abrégé du Code de jurisprudence.
252 à 255. Des quatre Vêda.
256 à 263. Des présages et des moyens de détourner ceux qui sont sinistres.
264. Des subdivisions des quatre Vêda.
265. Des Pourâna.
266. Des rois de la race solaire.
267 à 273. Des rois de la race lunaire.
274 à 292. Abrégé de l'Ayourvêda, ou de la science de la médecine; des traitemens des maladies de l'homme, de l'éléphant et du cheval.
293 à 320. Des mantra ou des invocations mystiques.
321 à 328. Abrégé du Tch'handasâra, ou Traité de prosodie, et particulièrement touchant les vers des Vêda.
329 à 339. De la rhétorique, des ornemens de la poésie, des poëmes populaires en samskrita et en prâkrita.

340. De la signification mystique de chaque lettre de l'alphabet.
341 à 350. Abrégé du Siddhâroupa, ou de la Grammaire samskrita. N.ᵉ Il me semble que celle-ci est la Grammaire connue sous le nom de Kâtyâyana Vyâkarana. Le père Paulin a publié la traduction de cette Grammaire sous le titre de *Sidharubam*.
351 à 358. Abrégé du vocabulaire samskrit.
359. Des enfers.
360 à 367. De la contemplation et de l'absorption dans l'essence divine.
368. Conclusion. HAMILTON.

A la suite de cette table des chapitres de l'Agni Pourâna, on me permettra d'insérer une autre notice du même Pourâna, faite par un Orientaliste également célèbre. « C'est, dit M. Wilkins, un des Pourâna les plus considérables ; il est divisé en trois cent cinquante-trois petits chapitres, et l'on suppose qu'il a été donné par Agni (*Ignis*), le dieu du feu. Il traite d'un grand nombre de sujets, et forme pour ainsi dire, un abrégé de toute la science des Hindous. On trouve à l'ouverture de ce Poëme, une courte notice des incarnations de Vichnou; particulièrement de celles sous la forme de Râma, dont les exploits ont servi de texte au Râmâyana, et sous la forme de Krichna, la progéniture matérielle de Vasoudêva, ensuite une très-ennuyeuse histoire de la création; une dissertation non moins ennuyeuse, sur le culte à rendre aux dieux ; une description de leurs images, et des préceptes pour fabriquer ces images et les placer convenablement ; une courte description de la terre et des lieux qu'on regarde comme sacrés, et des cérémonies qu'il y faut observer; un Traité d'astronomie, ou plutôt d'astrologie; différentes manières d'opérer des charmes, des enchantemens, etc., suivant les circonstances; la composition des périodes nommées Ménouantara; la description des différentes vies religieuses nommées Asrama, et des devoirs auxquels elles obligent; les règles à observer dans la pénitence; les fêtes et les jeûnes de toute l'année; les préceptes de la charité; une dissertation sur les avantages incalculables que l'on peut tirer du mot OM, avec un hymne à Vasichta. La section suivante est relative aux fonctions et aux devoirs des princes; elle renferme des règles pour connoître les qualités des hommes et des femmes; pour choisir des armes et des ornemens convenables à la royauté; Un Traité du choix des pierres précieuses, et un autre Traité de l'art de la guerre. Une autre section est consacrée à toutes les affaires du monde, aux ventes, aux achats et aux lois relatives à toutes les transactions; viennent ensuite certains règlemens conformes aux Véda, pour se préserver de l'infortune, pour adorer les dieux, etc.; les listes de deux races de rois nommées les Sôurya-Vansa et les Tchandra-Vansa (enfans du soleil, enfans de la lune), de la famille d'Yadou et de Krichna, avec un Précis de la guerre de douze ans, décrite dans le Mahâbhârat; un Traité de l'art de guérir, applicable aux bêtes comme aux hommes, avec des règles pour l'éducation des éléphans, des chevaux et des vaches; des charmes pour la cure de différentes maladies, et la manière d'adorer certaines divinités; un Traité des lettres de l'alphabet samskrit; un autre sur les ornemens du discours, applicables à la prose, aux vers et au drame; l'explication du sens mystique des lettres simples de l'alphabet samskrit; une Grammaire; un petit Vocabulaire de cette langue. Voyez Wilkins's catalogue of oriental manuscripts, n.° 6, tome VI, pages 445 et 446 des Works of sir William Jones. LANGLÈS.

XIV. (91). *Siva Pourâna*. Ce volume ne contient que la seconde partie de l'histoire de Siva.

Cet ouvrage est compris en deux sections qui n'ont d'autres titres que *première* et *dernière section*. Le manuscrit n.° 14 du nouveau catalogue contient seulement la dernière section qui est entière.

CHAPITRES.

1. L'introduction. Les Mounis de Naïmesa prient Saouti de leur communiquer plus d'informations touchant la grandeur et les actions de Mahâdêva. « Je vous » communiquerai, dit-il, la dernière partie du Siva » Pourâna : il fut révélé par Vâmadêva à Tandi, » qui la récita à Vyâsa, de qui je l'ai entendu ».
2. Conversation entre Vâmadêva et Tandi.
3. Etablissement du culte du Phallus.
4. Les Dêva font des pélerinages aux 12 lieux où le Phallus est établi. Ce chapitre est intitulé *Linga Mahatmia*, Sainteté du Phallus, on en trouvera un extrait à la fin de cet article.
5. Les Dêva battus par les Daïtya trouvent un asyle chez Siva, sur le mont Himavân.
6. Réponse de Sankara à leurs supplications.
7. Mort de Tripoura.
8. Les Dêva chantent la victoire de Siva.
9. Son mariage avec Sati, fille de Dakhya.
10. Sati se jette dans le feu du sacrifice.
11. Naissance de Virabhadra, qui arrête le sacrifice de Dakhya.
12. Mort de Brahmâ *Cerviforme*.
13. Renaissance de Sati dans la personne d'Oumâ.
14. Combustion de Kandarpa (le Dieu de l'Amour).
15. Reti, son épouse, lui obtient sa grace.

16. Conversation entre Oumâ et Siva.
17. Leur mariage.
18. Mort de Târaka, tué par Skanda, fils de Siva.
19. Naissance de Ganesa.
20. Pélérinages de Skanda.
21. Naissance de Nandi.
22. Arrivée de Gangâ.
23. Sainteté de Vârânasi (Bénarès).
24. Rites que l'on doit observer quand on entre dans le temple de Viswesara à Vârânasi.
25. Naissance de Mahâ Kala Gana.
26. Mort de Kirti et Bâsa.
27. La fête appelée Râsakrirâ.
28. Les 108 noms du Dieu de l'univers.
29. Sainteté d'Ekâmraka.
30. L'incarnation du Sanglier obtient la faveur de Siva.
31. Siva engloutit le Poisson qui auroit infecté le monde.
52. Sa victoire sur la mort.
33. La béatitude de Nisâda.
54. La sainteté de la nuit consacrée à Siva.
35. Rites en l'honneur de Siva dans la Néomenie.

L'auteur de la Cosmographie persanne, intitulée *Heft Eqlym*, dit que dans les anciens livres des Hindoux, il est question de Soumnat et des cérémonies qui y étoient pratiquées. Le passage suivant, traduit du 4.me chapitre du Siva Pourâna, en fait mention; et est extrêmement intéressant en ce qu'il prouve que le culte du Phallus est d'une haute antiquité aux Indes, et qu'il indique les lieux principaux où ce culte avoit lieu. C'est Siva qui parle.

I.er Vers. Le Phallus, ô Brahmâ, que vous avez vu sur le sommet de l'Himâvata; (1) accompagné de Vichnou, je le diviserai en douze.

(1) Himâvata, le mont Imaüs des anciens.

2. Ces 12 Phallus, rayonnant de lumiére, je les établirai sur la terre de Bhârata; (2) leurs sites seront sacrés; ils seront vénérés par les dieux et par les hommes.
3. Le premier sera établi à Kâsi, (Bénarès) mon séjour favori; là ce Phallus rayonnant sera adoré sous le nom de Viswèswara.
4. La Terre Sainte de Vadarika, obtiendra le second, qui sera nommé Kedarèswara.
5. Le troisième sera nommé Manikardjouna; les montagnes de Sri lui fourniront un asyle.
6. Bhima-Sankara sera le 4.me que l'on établira à . . . . . (Ici le manuscrit est effacé, ce qui n'a pas ici permis de lire le nom du lieu).
7. La terre de Pranava (3) aura le 5.me; il sera appelé Amarêsa. le 6.me Mahakâleswara. sera adoré à Perioudjaini.
8. *Sorathi* (le canton de Surate) recevra le 7.me sous le nom de *Somânâtha*. Le 8.me nommé *Vaïdenatha*, sera vénéré à Pavani.
9. Le 9.me appelé *Nâganâtha*, sera adoré en Oudra; Saïvâna aura le 10.me qui portera le nom de *Tamayesa*.
10. Les montagnes de Brahmâ recevront le 11.me; son nom sera *Traïmbaka*. Le dernier sera établi auprès du pont célèbre; il recevra des vœux sous le nom de *Râmèswara*.

(2) La terre de Bhârata désigne toujours l'Hindoustân dans les Pourâna. L'on remarque que ses bornes étoient anciennement plus reculées qu'aujourd'hui, puisque Kedarèswara et Vaïdenatha y étoient renfermés.

(3) Pranava, Oudra et Saïvana sont des lieux que je ne connois point; tous les autres sont bien connus, et l'on y adore encore aujourd'hui le Phallus, comme dans les temps anciens.

11. Siva parloit et les douze Phallus prenoient leurs stations, tout rayonnans de lumiere; ils attiroient les regards des dieux et des hommes.
12. Brahmâ lui-même, accompagné du dieu qui porte le Gada, se prosterna à Kâsi, devant le saint Visweswara.
13. Indra adoroit Kedarêswara; Agni, Manikardjouna; et Yama, Bhima Sankara.
14. Niriti vénéroit Amarèsa; Varouna s'humilioit devant Mâhakâleswara.
15. Vayou, dieu des vents, adoroit Somânâtha; le dieu des richesses se prosternoit devant Vaïdenatha.
16. Ananta, Roi des serpents, adoroit Nâganâtha; le soleil Bhaskara, vénéroit Tamayesa.
17. Tchandrima (la lune) se rendoit en pélerinage auprès de Traïmbaka, la déesse de l'éloquence adoroit Ramêswara.
18. Dans le second âge, Ramêswara recevoit aussi les adorations de Vichnou lui-même;
19. Lorsque sous la forme de Râma, fils de Dasaratha, il construisit le pont fameux qui lui servit de passage pour aller anéantir le géant Râvana dans l'île de Lankâ (Ceylan). (Hamilton).

XV. (104). *Bhâgavata Pourâna*, histoire de Krichna, avec des notes de Sridhava Swâmi.

XVI (94). *Padmâ Pourâna.*

C'est le second des Pourâna. Il contient cent-cinquante-cinq mille achlogues ou stances; c'est un éloge de la plante sacrée du Lotus, nommée Padmâ en samskrit, et une histoire de la déesse Lakchmy, la Cérès des Indiens on y trouve aussi une description de la terre.

Le manuscrit qui porte ce titre, ne contient que la seconde section de cet ouvrage. La première section est intitulée *Sristi*, ou la création ; celle-ci est appelée *Bhoumi*, ou la terre. J'ignore si le Padmâ Pourâna ne se compose que de ces deux sections, ou s'il doit y en avoir encore d'autres. La section Bhoumi consiste en un dialogue entre Souta et les Mouni de Naïmisa, auxquels il communique les instructions qu'il avoit reçues de Vyâsa.

Les deux premières feuilles contiennent les aventures d'un brâhmane nommé *Siva Dharma*.

La troisième feuille manque.

Les six feuilles suivantes contiennent la conclusion de l'histoire de Siva Dharma et celle de son fils Soma Sarma, qui étant né Prahbâda, devint ensuite Prince des Daïtya, et alors Indra, roi des Dêva.

Les quarante-quatre feuilles suivantes manquent, et à compter de la cinquante-troisième, le manuscrit est complet. Je ne commencerai donc que de cette feuille à numéroter les chapitres.

1— 4. Aventures de Tounga.

5. Son mariage avec Sounitha, la naissance de Vena qui est élu Roi de Tchakhyoucha, pays situé sur l'Oxus.

6. Règne du Râdjâh Vena ; il abjure et embrasse la doctrine de Djina. (Il se fait Bouddhiste). Les Richi s'assemblent et le convertissent. Naissance de son fils Prithou.

7 et 8. Râdjâh Vena fait pénitence pendant plusieurs années ; Vichnou lui apparoît et lui communique des instructions morales.

9. Histoire de Soukalâ, femme d'un négociant de Vârânasi.

10 à 12. Aventures du Râdjâh Ikhyâkou dans une partie de chasse.

13. Histoire du Ganddhârva Guitâ Vidyadhara.
14. Histoire du Soudêvâ.
15—18. Histoire de Padmâvati, Reine de Mathourâ.
19. Conclusion des aventures de Soudêvâ.
20—23. Conclusion des aventures de Soukalâ.
24. Histoire de Soukarma, brâhmane.
25—50. Histoire du Râdjâh Yayâti.
51. Conclusion de l'Histoire de Soukarma.
52—55. Aventures de Divyadêvi, Princesse de Plakhya.
56—59. Aventures de Vidoura, le Brâhmanicide.
60—68. Aventures de Souvâhou, Roi de Tchola.
69—82. Histoire du Râdjâh Nahoucha qui conquit toute la terre.
83. Aventures de Vitounda, Roi des Daïtya.
84. Histoire du brâhmane Dharma Sarma qui naquit sous la forme d'un perroquet.
85. Vichnou finit les instructions adressées au Râdjâh Vêna.
86. Le Râdjâh Vêna abdique la Royauté et se retire au paradis de Vichnou. Il a pour successeur son fils le Râdjâh Prithou qui hérita aussi des vertus de son père, et dont la fille nommée *Prithivi*, est la déesse de la terre. (Hamilton).

XVII. (97). *Mârkandeya Pourâna*, contenant l'histoire du fameux Anachorète Mârkandeya.

Ce Pourâna est complet. Son titre, comme ceux des autres Pourâna, vient du nom du principal interlocuteur. Voici les titres des chapitres qui le composent.

1 — 5. L'introduction où se trouvent des explications de plusieurs circonstances, dont le Mahâbhârata fait mention, sans les éclaircir suffisamment.

6. Pélérinage de Valadêva.
7. Naissance des fils de Draoupadi.
8. Histoire de Haristchandra.
9. Schisme entre les Mouni Vasistha et Viswamitra.
10—15. Dialogue entre un père et son fils, sur un état futur.
16. Aventures d'une épouse fidelle.
17 et 18. Histoire de Dattâtreya.
19. Le cheval ailé.
20 et 21. Aventures de Kouvalâswa.
22. Sa descente aux Enfers.
23. Son retour.
24. Son mariage et la naissance de trois fils.
26—32. Leur éducation et les préceptes qu'on leur donna sur les devoirs d'un roi.
33. Mort de Kouvalâswa. Alarka, son second fils, lui succède. Guerre entre les princes.
34—38. Défaite d'Alarka; il se rend à la retraite de Dattâtreya; par sa protection, il remonte sur le trône.
39. Conclusion du dialogue entre un père et son fils.
40. Mârkandeya instruit le Brâhmane Kraoustaki sur les divisions du tems.
41—44. De la création.
45. Descendans d'Adharma (le crime).
46 et 47. De la création du premier Menou, appelé Swâyambhouva.
48. Géographie de Djamboudouipa.
49.—51. De la géographie.
52. Du pays de Bhârata (l'Inde proprement dite).
53—56. De la géographie.
57—59. Histoire de Sourotchi.
60 et 61. Sourotchi épouse trois femmes.

66 et 65. Il est père du second Menou, appelé Souârotchisa, du nom de son père.
64. Règne du Menou Souârotchisa.
65. Indices des différentes dispositions des hommes.
66 — 69. Histoire de Outtama, fils de Outtâna Pâda. Naissance du 3.e Menou, appelé Aouttâma, du nom de son père.
70. Règne du Menou Aouttâma.
71. Règne du 4.e Menou, appelé Tâmasa.
72. Règne du 5.e Menou, nommé Raïvata.
73. Règne du 6.e Menou, nommé Tchâkyousa.
74 — 76. Règne du 7e. Menou ou de celui qui gouverne maintenant le monde, et qui est nommé Vaïvasouata.
77. Le règne futur du 8.e Menou, nommé Sourya Sâvarni.
78. La grandeur de la déesse Dourgâ, cet épisode est aussi publié séparément et se trouve à la Bibliothèque Impériale, n.°. XLVIII ci-après, sous le titre de Tchandikâ, une des épithètes de la déesse Dourgâ. Il contient tout ce qui est ici indiqué, sous les chap. 78 à 90, inclusivement
    Le 1.er chap. traite de la victoire que la déesse remporta sur les géans Madhou et Kaïtabha, qui faisoient la guerre à Brahmâ.
79 — 81. La grandeur de la déesse : sa victoire sur le géant Mahisa, qui avoit vaincu les Dêva.
82. La grandeur de la déesse : sa descente sur la terre le géant Soumbha lui fait des propositions de mariage.
83. Mort de Dhoumra Lotchona : destruction de son armée, envoyée par le géant, pour l'ammener de force.

84.	Mort de Tchanda et de Mounda: destruction de leurs armées,
85.	Soumbha vient lui-même; mort de son général, Raktavidja.
86.	Mort du Nisoumbha, frère du géant.
87.	Combat et mort de Soumbha.
88 — 70.	Grandeur de la déesse, ses victoires célébrées dans des hymnes, par les Dèva.
91.	Les règnes futurs des 9.e, 10.e, 11.e et 12.e Menou, nommés Dak'hya, Sâvarni, Brahmâ-Sâvarni, Dharma-Sâvarni et Roudra-Sâvarni.
92 et 93.	L'histoire du Mouni Routchi.
94.	Règne futur de son fils, le 13.e Menou, appelé Routcheya du nom de son père.
95 et 96.	Naissance et règne futur du 14.e ou du dernier Menou, appelé Agni Sâvarni.
97.	La création.
98.	Hymne au soleil.
99 et 100.	Sa descente sur la terre; sa naissance sous le nom de Mârtanda; son mariage et sa postérité. Il a pour successeur son fils aîné, le 7.e Menou, appelé Vaïvasouata, d'un des noms de son père. C'est le Menou actuel.
101 — 103.	La toute-puissance du soleil. Règne de Vaïvasouata.
104.	Aventures et le règne de son fils Soudyoumna.
105.	Aventures de Prichadhra fils du Menou.
106.	Aventures de Karoucha et de Dista, fils du Menou.
107.	L'Histoire de Vatsapri, petit fils de Dista.
108 et 109.	Règne de Khalitra fils de Vatsapri.
110.	Règne de Khyoupa, fils de Khalitra.
111.	Règne de Khalinetra, fils de Khyoupa.

112.' Règne de Karandhara, fils de Khalinetra.

113 — 116. Aventures d'Avikhyit, fils de Karandhara.

117 — 120. Règne de Maroutta, petit fils de Karandhara.

121. Règne de son fils Navisyanta.

122 — 124. Règne de Dama, fils de Navisyanta.

(Hamilton).

XVIII. (87). *Matsiâ Pourâna*, histoire du premier avâtara (Incarnation) de Vichnou en poisson. On y trouve l'histoire du déluge.

Ce Pourâna est le premier des dix-huit poëmes qui portent ce titre, et le plus important; voici la traduction de la table des chapitres.

Souta parle. « Premier vers. Maintenant je vous ai com-
» muniqué ce qui a été dit par celui dont l'univers
» est une des formes; le Pourâna intitulé le *Poisson*,
» qui mène à la vertu, à la félicité et au bonheur
» éternel.

2. » Il commence par la conversation entre Menou et
» Vichnou *Pisciforme*, suivie de l'histoire de l'œuf
» du monde et de la création par Brahmâ.

3. » Les dieux et les démons sont appelés à l'existence :
» alors se trouve la naissance des vents, suivie
» du récit des cérémonies qu'on pratique à la fête
» du dieu de l'amour et à celle de l'installation des
» dieux tutélaires dans leurs fonctions.

4. » Un Menou est nommé pour gouverner le monde
» pendant l'intervalle de temps qui s'appelle *Menaouantara*. Naissance du Menou, fils du soleil;
» les amours de la planète Mercure.

5. » Histoire de la race du soleil; récit des céré-

» monies funéraires ; lieu consacré aux dieux
» mânes ; naissance de la lune.
6. » Histoire de la race de la lune ; aventures du Roi
» Yayâti ; vertus de Kartaviria ; histoire de la
» race de Vristi.
7. » Imprécations de Brigou et de Vichnou contre les
» démons ; histoire des descendans de Pourou
» et de la race du feu.
8. » Enumération des Pourâna ; récit des rites des
» sacrifices ; cérémonies appelées *la constellation*
» *des hommes*, et sommeil de Martounda.
9. » Fête célébrée le 8 de la lune en l'honneur de
» Krichna ; conjonction de la lune et de l'étoile
» Rohini ; rites de Sarâga, fête des arbres.
10. » Le développement des plaisirs, la naissance de
» Agastya, les fêtes de la déesse Ouma.
11. » Les fêtes de cette déesse et de Siva, celles de la
» déesse de la science ; les cérémonies pratiquées
» pendant les éclipses, et pour empêcher les avor-
» temens.
12. » Les rites révélés par Kesava à Bhîma, les céré-
» monies enjointes aux courtisanes ; la fête de Go-
» vinda et les rites des Sôudra, adressés à Angâra.
13. » Les cérémonies pratiquées le septième jour de
» quelques mois ; et celle appelée *Visoca* ; la dona-
» tion d'une quantité de blé ayant la forme de la
» montagne Mérou, et les rites dits *Sânti*, ainsi
» que la donation d'un taureau d'or, le jour con-
» sacré à Siva.
14. » Les fêtes de Siva renouvellées tous les mois ; la
» fête de Brahmâ, les autres fêtes des mois, celles
» de Vichnou dans les *Avâtara*.
15. » La cérémonie du sixième jour de la lune, et celles

» qui sont pratiquées durant l'ablution dans le
» Gange; la sainteté de Prayâga, suivie d'une des-
» cription du monde.

16. » Résidence du fils de Ilâ, description des *Douipa*
» (îles habitées; voyez ci-dessus pag. 41 et 42) et
» des mondes, marche des orbes célestes et préé-
» minence de l'étoile polaire.

17. » Des demeures des dieux, ou les constellations de
» la destruction de Tripoura; de l'institution des
» cérémonies pour les mânes, de la succession des
» Ménouantara.

18. » De la naissance de Vadjrânga et de celle de Taraka;
» de la victoire de ce démon sur les Dèva, et leur
» fuite auprès de Brahmâ.

19. » De la naissance de Pârvatî et des mœurs de Siva,
» de la combustion du dieu de l'amour (Kâma), et
» des lamentations de la nymphe Réti (son épouse).

20. » La retraite de la déesse Pârvatî dans les forêts,
» les prières pour la résurrection de Kâmâ, la con-
» versation avec le Richî, et les nôces de Siva et
» de Pârvatî.

21. » De la naissance de Koumâra et de sa victoire, de
» la mort de Taraka, de l'Avâtara de Nàrsingha
» (incarnation en homme lion).

22. » De la création nommée création du *Lotus*, de la mort
» du démon Andhaca, de la sainteté de Vârânesi,
» (Bénarès) et de celle de la rivière Narmadâ.

23. » Des races des hommes saints et des sacrifices of-
» ferts aux mânes, de la donation faite à un brâh-
» mane d'une vache pleine et d'un taureau noir.

24. » Aventures de Savriti, des devoirs d'un Sou-
» verain, de la saison pour commencer la guerre,
» des interprétations des songes.

25. » De l'avâtara sous la forme d'un nain et de celui
» sous la forme d'un sanglier, des dieux qui boi-
» vent l'ambroisie, de l'apparition de Calahrit en-
» gloutie par Siva.
26. » De la guerre des dieux avec les démons, de l'art
» de l'architecture, de la sculpture et des formes
» célestes, et des cérémonies de leur installation.
27. » De la salle consacrée à la réception des statues des
» dieux, de l'autel des sacrifices, des Rois qui exis-
» teront dans les siècles futurs, de l'avantage des
» donations prescrites.
28. « Récapitulation des trente *Kalpa* qui composent
» un mois de Brahmâ, Table des matières. Voilà
» ce qui forme le Matsyâ Pourâna pur, saint, et
» qui donne au lecteur la renommée et l'immor-
» talité ».

XIX. (248). *Nâredeya Pourâna*, histoire de l'Anachorète Nâreda.

Selon ce Pourâna, Sourga, gouverneur du soleil, avoit choisi dans Sank'ha Douipa, un pays beau et bien peuplé, pour y faire ses dévotions; mais à peine eut-il commencé, que tout devint la proie des flammes. Les Dêvata furent aux abois; Vichnou descendit avec Brahmâ, pour connoître la cause de ce fléau. Sourga leur rendit ses hommages, et se plaignit de ce que ses dévotions avoient été interrompues. « C'est moi, dit Vichnou, qui
» réparerai ce désastre, quand je reparoîtrai dans ce pays
» sous la forme de Krichna, pour détruire les démons
» Sank'hia Soura; la terre se refroidira et sera couverte
» de plantes et d'animaux; la race des Pâli s'y éta-
» blira, etc. » *Asiatick research.*, tom. III, pag. 152.

(Langlès).

XX. *Mahâbhârata*, (le grand Bhârata). Ce Poëme contient l'histoire des guerres que se firent les enfans de Pandou et ceux de Kourou. Il a été composé par Vyâsa, suivant la tradition : Aboùl-fazel en a donné un extrait dans l'Ayïn Akbéry, et M. Wilkins en a traduit le Bhagavat Guitâ, l'Amrita Matana et Sakountala.

Le *Mahâbhârata* est distribué en dix-huit livres, sans compter la partie appelée *Raghou-Vansa* : la totalité en est attribuée à Krichna Douaipâyana Vyâsa; de nombreuses notes ont été ajoutées par Nilakanta. Cet ouvrage, vraiment étonnant, contient, quand il est complet, plus de cent mille vers métriques. L'auteur a pris pour sujet principal l'histoire de la race de Bhârata, ancien roi de l'Inde, laquelle lui doit le nom de Bhârata-Varcha. Il traite encore, plus particulièrement l'histoire des deux branches collatérales de cette race, distinguées par les noms de *Kourava* et des *Pourava*, à cause de deux de leurs ancêtres, nommés l'un Kourou, et l'autre Pourou. Il décrit les guerres sanglantes qui eurent lieu pour la souveraineté de Bhârata-Varcha, le seul nom général sous lequel les aborigènes connoissent l'étendue de leur pays nommé Hind et Hindoùstân par les Arabes et les Persans, et Inde par les Européens. Mais outre le sujet principal, on trouve dans le même ouvrage une grande variété d'autres objets traités épisodiquement, ou pour servir d'introduction. La partie intitulée *Raghou-Vansa* renferme une histoire particulière de la race de Krichna. Le Mahâbhârata est si répandu dans l'Orient, qu'il en existe des traductions dans la plupart des idiômes asiatiques : il y en a un abrégé en Persan. Plusieurs copies de cet abrégé se trouvent dans nos bibliothèques publiques d'Europe (il en existe une très-belle à la bibliothèque impériale). Le *Guitâ* qui a paru, traduit en Anglais par M. WILKINS, fait partie de ce poëme; mais comme il renferme des points de doctrine regardés comme trop sublimes pour le vulgaire, on le supprime dans beaucoup de copies du texte, comme il est arrivé dans le premier des deux exemplaires que la veuve de sir *William Jones* a présenté à la Société Royale; il doit se trouver dans le VI.e livre, intitulé : *Bhichma Parva*. Cet exemplaire est écrit avec le caractère que l'on nomme, par prééminence, *Dévanâgary* ; l'autre, sans notes, est écrit dans le caractère particulier à la province du Bengale, et que les Brâhmanes de cette province emploient pour la transcription de tous leurs livres samskrits. J'ai fait graver ces deux caractères, le Dêvanâgari et le Bengali pour l'Imprimerie Impériale; je dois remarquer que la plupart des alphabets de l'Inde, quoique différens beaucoup du samskrit pour la forme de leurs lettres, s'accordent avec lui pour le nombre, la valeur et l'ordre de ces lettres; de manière qu'ils peuvent exprimer les mots samskrits aussi exactement que les caractères dêvanâgari, qui appartiennent spécialement à cette langue antique et sacrée.

Notre exemplaire du Mahâbhârata est divisé en 18 volumes de la manière suivante :

Ier. *Parva*, ou livre, intitulé *Adi*. Il y en a deux copies, l'une dans deux boëtes, l'autre complette dans une boëte.
2e. ——— *Sabha*, dans une boëte.
3e. ——— *Aranyaka*, dans deux boëtes.
4e. ——— *Virâta*, dans une boëte.
5e. ——— *Oudjoga*,
6e. ——— *Bhisma*,
7e. ——— *Drona*,
8e. ——— *Karna*,

9.. Parva, *Salya*, } Il y a 3 vol. dans une boëte;
10°. ——— *Sauptika*, } il se trouve des copies de
11.. ——— *Stri*. } chacun de ces livres dans d'autres boëtes.

12.. ——— *Santi*. Ce volume est divisé en trois parties, savoir : 1°. Radje Dharma; 2°. Apad Dharma; 3°. Makhia Dharma, ou Dhana Dharma, Radje Dharma et Makhya Dharma.

13.. ——— *Anousasana*. Ce volume paroît manquer.
14.. ——— *Aswamedhika*,
15°. ——— *Asramavâsa*, } Ces 5 Parva, ou
16°. ——— *Mausala*, } livres, sont dans
17°. ——— *Mahâ Prâthanika*, } une seule boëte.
18.. ——— *Swarga*.

Supplément, intitulé : *Héri Vansa*, (Hist. de Héri)

XX, XXI. (105, 106). *Râmâyana*, histoire de Râmâ Tchandra, 7e. avâtara, par Valmîki, en 3 vol.

XXII. (42). Autre exemplaire du *Râmâyana*.

XXIII. (41). *Adhiâtmâ Râmâyana*, histoire de Râmâ Tchandra, extraite du Brahmânda Pourâna. Voy. les manuscrits en dêvanâgari, n°. III.

Nota. Pour les ouvrages qui suivent, on n'a adopté aucune classification.

XXV. (261). *Raghou Vansa*, histoire des descendans de Raghou. *Voyez* le Catalogue des ouvrages en dêvánâgari, n°. XL.

XXVI. (141.) *Tatwa Tchintamani*, traité de métaphysique, composé par Gangheswara.

XXVII. (4). Commentaire sur le *Tatwa Tchintamani*.

XXVIII. (145). *Tatwa Tchintamani*, première partie de l'ouvrage de Gangheswara.

XXIX. (143). Commentaire sur le Tatwa Tchintamani.

XXX. (157). Commentaire sur un livre du du Tchintamani, qui traite des objets visibles, par Ragounâtha, copié par Râma Saramana.

XXXI. (155). Commentaire sur le Tatwa Tchintamani, par Djayadêsa Bhattâtchâria.

XXXII, XXXIII. (37, 154). *Tatwa Tchintamani Tippani*, commentaires sur le Tatwa Tchintamani, par Matchourânâtha, 2 vol.

XXXIV. (134) Commentaire sur les deux premiers livres du Tatwa Tchintamani, par Pak'hi Adhara Misra.

XXXV. (159). *Anoumâna Tippani*, commentaire sur le livre du Tatwa Tchintamani, qui traite de la faculté de la mémoire.

XXXVI. (41). *Pratikhya Tippani*, commentaire sur le chapitre qui traite des objets visibles, par Gadadhéra.

XXXVII. (158). Recherches métaphysiques, par le même Gadadhéra. Sans titre.

XXXVIII. (17). Autre traité de métaphysique, par Gadadhéra. Il contient des recherches sur les événemens, les accidens et le pouvoir moral, copié par Râma Sarmana.

XXXIX. (49). Traité de métaphysique en six chapitres, sans nom d'auteur.

XL, XLI, XLII. (171, 173). *Lilâvati*, abrégé de dialectique en 3 vol., composé par Viakanta

Bhattâtchâria, copié par Râmanâtha en 1649 de l'ère Sakâbda (1727 de J. C.)

XLIII. (166). Dernière partie du *Lilâvati*, qui traite des substances, copié par Lekhmi Kânti, en 1650 de l'ère Sakâbda (1728 de J. C.)

XLIV. (170). Commentaire sur le *Lilâvati*.

XLV. XLVI. Deux horoscopes pour la naissance d'un Banian et celle d'un fils de Parasou Râma Dêva.

XLVII. (287). Voy. n°. XXXII des Mss. en dêvanâgari.

XLVIII. (281). *Tchandika*, aventures de Dourgâ; extrait du Mârkandeya Pourâna; avec un autre extrait du Brahmânda Pourâna; copié en 1623 du Sakâbda, par Krichna Dêva (1701 de J. C.)

XLIX. (167). *Gouna Kirana Bali*, (collier des rayons de qualités), système philosophique sur la manière dont les objets externes opèrent sur nos sens, par Oudayana Atchâria, que M. Jones nomme le sublime Oudayana.

Le mot *nyâyâ* est dérivé de la racine Samskrite *nî*, acquérir ou saisir, et d'après cette signification tous les ouvrages relatifs à la conception, au raisonnement ou au jugement, sont appelés *Nyâyâ*. Les plus remarquables parmi ces ouvrages sont celui de Gaoutama en cinq chapitres, celui de *Kanada* en dix, tous deux enseignent le sens des textes sacrés des Vêda, la différence du juste et de l'injuste, du bien et du mal, et les principes du savoir, rangés sous vingt-trois titres. (LANGLÈS).

L. (121). *Kousou Mandjali*, (le bouquet de fleurs), traité sur la philosophie Nyâyâ, par le même Oudayana.

LI, LII, LIII. (164, 168, 169). *Gouna Kirana Bali Tika*, commentaire sur l'ouvrage précédent, par Vardhamana, en 3 vol.

LIV. (20). Traité de métaphysique, sans titre ni nom d'auteur.

LV. Voyez les Mss. en dêvanâgari, n°. XLI.

LV, LVI. (217). *Kâtantra Vitri Tikâ*, commentaire sur la grammaire intitulée Kâtantra Vriti (n°. XXVIII, dêvanâgari).

LVII. (223). Second exemplaire du même commentaire, copié en 1441 du Sakâbda (1519 de J. C.)

LVIII. (218). *Kâtantra Vriti Tikâ*, commentaire de Trilotchandasa, sur l'ouvrage de Dourgâ Singha.

LIX. (220). Commentaire de Dourgâ Singha, sur le Kâtantra Vriti.

LX. (54). Autre exemplaire du même ouvrage.

LXI. (221). *Idem.*

LXII. (56). *Idem.*

LXIII. (50). *Sankhipta Sâra*, grammaire samskrite, composée par Râdjâh Djoumoura Nandi.

LXIV. (225). *Sankhipta Sâra tika*, commentaire sur le Sankhipta Sâra, par Gopi Tchandra, en 4 vol., copié en 1615 du Sakâbda (1693 de J. C.)

LXV. (230). Cette boëte contient trois ouvrages sur la grammaire :

1°. Le *Sankhipta Sâra tikâ*, commentaire sur

l'ouvrage de Râdjâh Djoumoura Nandi, par Gopi Tchandra.

2°. Un commentaire sur la grammaire de Pânini.

Pânini, le père de la grammaire Samskrite vivoit à une époque si reculée qu'on le place parmi ces anciens sages dont la fabuleuse histoire occupe une place remarquable dans les *Pourâna* ou cosmogonies Indiennes. On lui attribue les *Soûtra* ou aphorismes succints de grammaire, son système repose sur une profonde recherche des inflexions régulières et anomaliques de la langue samskrite, il a combiné ces analogies d'une manière fort ingénieuse, et a renfermé de nombreuses étymologies dans un très-petit espace. A la vérité ses préceptes s'élèvent au nombre de 3996, mais ils sont exprimés avec le dernier laconisme, lequel est le résultat de méthodes fort ingénieuses, destinées à aider la mémoire de l'étudiant. L'ensemble de cet ouvrage prouve qu'il appartient à un seul auteur, qui s'est aidé d'auteurs antérieurs, aujourd'hui perdus, etc. Colebrooke, *on the Sanscrit*, etc. (LANGLÈS).

3°. Un abrégé de règles grammaticales, par Vasourâdjâh.

LXVI. Voy. n°. XLII dêvanâgari.

LXVII *Srâdha Vibeka*. Voy. n°. XLII dêvanâgari.

LXVIII. (47). *Vrisa Outsarga-Tatwa*, cérémonies qui se pratiquent quand on donne la liberté à un taureau sacré, par Raghounanda, Bhattâtchârya.

Nota. M. Colebrooke (*Digest. of hindu law*, *preface* p. xx.) l'appelle Bandyaghatiya; il dit que les ouvrages de ce Jurisconsulte jouissent d'une haute réputation dans l'école Gauriya, et on le cite souvent sous le titre de Smârta Bhattâtchârya. (LANGLÈS.)

LXIX. (200). *Samaya Pradipa*, (les signes ou la lumière des tems), traité d'astrologie judiciaire, par le même Raghounandana Bhattâtchârya.

LXX (49). Traité sur certaines cérémonies, et un extrait du Bhavisia Pourâna, touchant la nature de la fête, nommée Djalasancranti, par le même auteur.

LXXI. (14). *Srâddha Pramâna Tatwa*, traité des obsèques, par le même auteur, copié en 1682 du Sakâbda (1760 de J. C.)

LXXII (26). Traités de certains rites religieux, par le même.

LXXIII. (97). *Smriti Tatwa*, abrégé de lois, rédigé par le même Raghounandana Bhattâtchâria; c'est probablement l'ouvrage traduit en persan, par ordre de M. Hastings, et du persan en anglois.

Smriti est le nom qu'on donne au Corps de Droit, qui est composé de dix-huit livres, divisés chacun en trois titres principaux, les Devoirs de la Religion, l'Administration de la Justice, et la Punition ou l'Expiation des Crimes. Le Smriti a été donné pour l'instruction du genre humain, par Menou et autres saints personnages.

L'ouvrage de Raghounandana forme vingt-sept livres au moins, et traite de toutes les branches de la jurisprudence indienne. Cette compilation qui, au jugement de M. Jones, est presque comparable pour le mérite intrinsèque et pour la méthode, au Code de Justinien, a été rédigée, il y a quelques siècles, par le Brâhmane que nous venons de nommer, et qui étoit de la province de Bengale. Ce n'est point l'original immédiat du Code des Gentoux, traduit successivement en persan et en anglais, par ordre de M. Hastings, et ensuite en français; mais il a servi de base à ce Code intitulé en samskrit: *Vivâ Dârnava Sétou*, lequel consiste, comme le Digeste romain, en textes authentiques, munis du nom de leurs auteurs respectifs, et suivis, quand il est nécessaire, d'une courte explication. La traduction persane de ce Code par M. Halhed, étant très-infidèle et très-incomplète, il en résulte que l'ouvrage anglais intitulé: *Code of gentoo laws*, et la traduction française, ne méritent nulle confiance, et ne peuvent faire autorité. C'est le jugement que prononce M. Jones dans une lettre insérée dans la préface du *Digest of hindu Law*, traduit du samskrit par M. Colebrooke. (LANGLÈS).

LXXIV. *Graha Yoga Prayoga Tatwa*, traités de certaines cérémonies religieuses, par le même.

LXXV. (45). *Oudbâha Tatwa*, traité d'éducation, par le même.

LXXVI. (22). *Prayoga Tatwa*, traité de certains rites religieux, par le même.

LXXVII. (6). *Malindou Tatwa*, traité des cérémonies prescrites pour les mois intercalaires.

LXXVIII. (196). *Djyantis Tatwa*, traité du calendrier, par le même, copié en 1606 du Sakâbda (1684 de J. C.)

LXXIX. (43). *Souddhi Tatwa*, traité des moyens de conserver la pureté, par le même.

LXXX. (171). Cette boëte renferme deux ouvrages; savoir:

1°. *Môhadmoudgara*, (épée pour tuer la folie, ou le maillet de l'ignorance); par « le saint, dévot et heureux Sankar Atchâria ».

Nota. Je crois pouvoir donner ici un fragment de cet ouvrage traduit par M. Jones, et inséré tom. VI, p. 428 — 430 du recueil de ses ouvrages.

1. Homme ignorant, réprime en toi le desir des richesses; conçois pour elles de la haine dans ton corps, dans ton entendement et dans ton esprit. Que les richesses que tu posséderas soient acquises par tes bonnes actions; que ton ame y trouve son contentement !

2. L'enfant s'adonne si long-temps à ses jeux; le jeune homme poursuit si long-temps sa bien-aimée; le vieillard couve si long-temps des pensées mélancoliques, que personne ne médite sur l'Etre-Suprême.

3. Qui est ta femme? et qui est ton fils? Combien ce monde est grand et merveilleux ! A qui appartiens-tu? et d'où viens-tu? Médite là-dessus, mon frère, et encore là-dessus.

4. Ne t'énorgueillis pas des richesses, des serviteurs et de la jeunesse, puisque le temps détruit tout cela en un clin-d'œil. Réprime ton attachement pour toutes ces vanités, qui ne sont que *Maya* (illusion). Fixe ton cœur sur le pied de Brahmâ, et tu le connoîtras bientôt.

5. De même qu'une goûte d'eau s'agite sur la feuille du Lotus; telle, et moins solide encore, est la vie humaine. La société des hommes vertueux ne dure ici bas qu'un moment : c'est le char destiné à te porter sur la terre et sur l'océan.

6. Demeurer dans l'habitation des Dieux, au pied d'un arbre; avoir la terre pour lit, et une peau pour vêtement; renoncer à tous les liens de famille ou de connoissances; qui ne trouveroit du plaisir dans cette pieuse aversion du monde?

7. Ne place pas tes affections sur un ennemi ou un ami; sur un fils ou un parent; en guerre ou en paix, que ton humeur soit égale pour tous. Si tu desires cette égalité d'ame, tu seras bientôt semblable à Vichnou.

8. Le jour et la nuit, le soir et le matin, l'hiver et le printemps, passent et reviennent. Le temps se joue, l'âge fuit, le desir et le vent durent sans contrainte.

9. Quand le corps est chancelant; la tête grise et la bouche privée de dents; lorsque le bâton poli tremble dans la main (de celui) qu'il soutient, le vase de l'avidité demeure encore rempli.

10. Sitôt né, sitôt mort! Couché si long-temps dans le sein de ta mère! De si grands crimes se commettent dans le monde! Comment peux-tu donc, ô homme! vivre ici bas avec plaisir?

11. Il y a huit montagnes originaires et sept mers. — Brahmâ, Indra, le Soleil et Kudra. — Ceux-là sont permanens, non pas toi, moi, ce peuple ou cet autre. Quel pourroit donc être le sujet de notre douleur?

12. Vichnou réside en toi, en moi, dans nous tous. En vain tu es irrité contre moi et tu ne souffres pas que je t'approche. Ceci est parfaitement vrai : tous doivent être regardés comme égaux. Ne t'enorgueillis donc pas d'un palais magnifique.

Telle est l'instruction des maîtres, exposée en douze mesures. Que peut-on faire de plus en faveur de ceux que cet ouvrage remplit de dévotion?

Ainsi finit le livre appelé *Môhadmoudgara*, ou l'Ignorant instruit (proprement le Maillet de l'Ignorant), composé par le saint, dévot et heureux Sankar Atchârya.

(Langlès.)

2°. Un poëme sur les saisons, composé par Kâlidâsa.

Ce poëme a été imprimé dernièrement à Calcutta, en caractères bengali.

LXXXI. (22) Traité de grammaire, sans titre ni nom d'auteur.

LXXXII. (253). Cette boëte contient deux ouvrages.

1°. *Kâvi Rahassia*, (le secret du poëte), poëme composé par Helâyoudha.

Helâyoudha, l'ingénieux conseiller de Lakchmana Sêna (monarque illustre qui donna son nom à une ère, dont il s'est écoulé, (en 1796) six cent quatre-vingt douze ans), est auteur du *Nyâyâ Servasoua*, du *Brâhmana Servasoua*, du *Pandita servasoua*, et de plusieurs autres traités sur l'administration de la justice, et sur les devoirs des différentes classes et professions. Il étoit fils de Dhanandjaya, lexicographe célèbre; et ses frères Pasoupati et Isâna sont auteurs de deux rituels, le premier relatif aux obsèques, etc.; le second pour les actes journaliers de dévotion. Voy. *Digest of hindu law, etc., transllated from the original sanscrit by Colebrooke*, preface, pag. xxi. Ce Hâlayoudha seroit-il le même que ce savant Anglois cite sous le nom de Helâyndha, comme auteur d'un bon vocabulaire samskrit. Je serois très-disposé à croire à l'identité des deux personnages, et j'attribue à une erreur typographique la substitution de l'n à l'u (prononcez *ou*) dans le Traité de M. Colebrooke *on the sanscrit and pracrit languages*, tom. vii, pag. 217 des *Asiat. Research.*, où on lit *Helayndha*, au lieu de *Helayudha* (prononcez *Helâyoudha*). (LANGLÈS).

2°. *Retnâbali*, (le collier de perles), drame composé, partie en samskrit et partie en prakrit, par Hersadêva. Voy. Jones's *Oriental manuscrits*, n°. 53.

LXXXIII. Voy. n°. XLIII des manuscrits en caractères dêvanâgari.

LXXXIV. (252). *Tchandasâng Mandjari*, (analyse du rhythme, par Kâlidâsa).

LXXXV. (65). *Ourvâsi Vikrama*, (l'héroïsme

d'Ourvâsi,) poëme samskrit, par Kâlidâsa, en samskrit et en prakrit. C'est une suite de poëme sur les enfans du soleil, en forme de dialogues, ce qui fait une espèce de drame en cinq actes.

LXXXVI. (270). *Sakountalâ*, ou la bague enchantée, drame composé en samskrit et en prakrit, en 6 actes, par Kâlidâsa, et copié en 1676 de l'ère Sakâbda (1754 de J. C.) Voy. Jones's *Oriental manuscrits*, n°. 48.

« La bague de Sakountalâ, dont le quatrième acte et
» surtout quatre stances de cet acte, jettent le plus bril-
» lant éclat, prouve l'étonnante surabondance du génie
» de Kalidâsa. » Tel est le proverbe qui a cours parmi les Pandits, relativement à la pièce de Sakountalâ, l'une des productions les plus curieuses de la littérature hindoue. Douchmanta, le héros de la pièce, est suivant la chronologie des Brâhmanes, un des enfans de la lune, et florissoit vingt-cinq générations après le déluge. Ce drame est fondé sur la mythologie hindoue, qui a encore aujourd'hui de nombreux partisans, et que l'on ne pourroit point exposer d'une manière satisfaisante dans un gros vol. in-f°. Il suffit donc de remarquer ici que les divinités introduites dans ce drame, sont purement allégoriques. Nous n'entrerons pas dans de plus grands détails, parce que cette pièce a été traduite en anglais, d'après l'original samskrit par M. Jones et de l'anglois en allemand et en français. (LANGLÈS).

LXXXVII. *Koumâra Sambhava*, voyez sur ce poëme épique le Catalogue des manuscrits en caractères dêvanâgari ci-dessus, n°. XLIII.

LXXXVIII; LXXXIX (116, 44).

Vastou Djoga Tatwa. } Deux traités de su-
Praya Tchitta Tatwa. } jets religieux, par

Raghounandana Bhattâtchâria, auteur du Smriti Tatwa, etc.

XC. (260). *Kirat Ardjounia*, poëme composé par Djanarâdjâh. Voyez ci-dessus le n°. XVII des manuscrits en dêvanâgari.

XCI. (40). Cette boëte renferme trois opuscules.

1°. *Naya Bhasia*, ouvrage de Kalhad, sur la philosophie Nyâyâ.

2°. *Gouna Bhasia*, sur les qualités, ouvrage anonyme.

3°. Commentaires sur quelques textes des Vêda.

XCII. (234) *Kâvia Tchandrika*, (la lune de poésie), ouvrage anonyme.

Parmi les *Kâvia* (écrits poétiques), sont les traités de la science, nommée *sâhet*: en outre, toutes les histoires des Dyoûtâ et des Râdjâh, sont contenues dans les quatre premiers Kâvia; tous les ouvrages sur le sâhet doivent être regardés comme de simples livres d'amusement. (LANGLÈS.)

XCIII. (222). Grammaire samskrite, par un auteur inconnu, copiée en 1424 du Sakâbda (1052 de J. C.)

XCIV. Extrait du *Brahmânda Pourâna*, contenant un dialogue entre Sanatkoumara et Poulastia, sur le culte de Vichnou.

Nota. Le Brahmânda Pourâna, est suivant quelques auteurs, le 18ᵉ. des Pourâna; il contient 12,000 stances.
(LANGLÈS.)

XCV. Cette boëte renferme 4 ouvrages samskrits.

1°. Un Rituel pour les dévotions du matin et du soir.

2°. *Bhârata Savitri*, ou l'excellence du Mahâbhârata.

3°. *Sâlagrâma Mahâtmia*, (vertus de la pierre Sâlagrâma), extrait du *Véda Tatwa Sâra*.

Les pierres *Sâlagrâma* sont noires et probablement calcaires; on les trouve dans quelques endroits de la rivière de *Gândaki*, sur les confins du Neypâl. La plupart ont une forme ronde, avec un ou plusieurs trous, creusés par les vers, mais que les Hindoux regardent comme l'ouvrage de Vichnou métamorphosé en vers. Ils croyent même que la pierre renferme autant de fois Vichnou, sous différens caractères, qu'ils peuvent compter de trous et de courbes spirales dans ces trous. Par exemple : un Sâlagrâma perforé dans un seul endroit, mais dont le trou offre quatre courbes spirales et portant des empreintes qui ont quelque ressemblance avec le pied d'une vache, et une longue guirlande de fleurs, contient selon eux Lakchmî Nârâyêna. On trouve de semblables pierres dans la rivière de Nermedâ, auprès d'Onkâr Mândâttâ; on les regarde comme des types de Siva, et on les appelle *Bân-Ling*. Colebrooke *on the religious ceremonies of the Hindus*, etc. Tom. VII, pag. 240 des *Asiatick Researches*.

(Langlès.)

4°. Extrait du *Varâha Sanghita*.

XCVI. (148). *Amara Kôcha*, dictionnaire samskrit d'*Amara Singha*. Voy. n°s. XXXVIII et XXXIX dêvanâgari.

XCVII. (148). *Kaumodî*, commentaire sur l'*Amara Kôcha*, par Nayan Ananda Dêva.

Ce commentaire a été revu et commenté il y a un ou deux siècles par un nommé Bhâttodji Dîkchita, qui s'est conformé aux *Pâninidya Soûtra*, ou principes grammaticaux de Pânini, enfin le *Siddhânta Kaumodi* (c'est le titre de l'ouvrage dont il s'agit), a été aussi commenté par un grand nombre de grammairiens, dont on peut voir l'énumération dans le mémoire M. Colebrooke *on the sanscrit and pracrit languages*, tome VII, p. 210 211 des *Asiatick Researches.* (Langlès.)

XCVIII. (148). Rituel des cérémonies à observer pour la naissance, les mariages, etc., par Bhavadêva, copié en 1600 du Sakâbda (1678 de J. C.)

XCIX. (276). *Prabôdha Tchandra Oudaya*, (lever de la lune de la science), drame en 6 actes, par Krichna Misra, copié en 1640 du Sakâbda (1718 de J. C.).

C'est le même ouvrage indiqué sous le titre de *Prabôdha Chandrôdasa*, et attribué à Kêsava Misra n°. 59 du *Catalogue of Oriental mss.* de sir William Jones.

(Langlès.)

C. (28). Traité de grammaire anonyme et acéphale.

CI. (237). *Kâvia Alankâra*, (beautés de la poésie), traité de rhétorique, par Vâmana.

Le même personnage, je crois, que cite M. Colebrooke comme auteur d'un excellent commentaire sur le Mahâbhâchya, immense traité grammatical. Cet écrivain, suivant ses propres expressions, « a recueilli l'essence d'une » science dispersée dans les plus anciens commentaires; » dans le *Bhâchya*, dans les Dictionnaires des verbes et » des noms et dans d'autres ouvrages ». Le commentaire dont nous parlons est intitulé *Kâsikâ Vritti* (Commentaire composé à Bénarés), et ne doit pas être confondu avec le traité de rhétorique que nous possédons à la bibliothèque impériale. Le témoignage avantageux que M. Colebrooke rend de Vâmana est d'un heureux augure en faveur de sa rhétorique. (LANGLÈS.)

CII. (247). *Viswa Prakâsa*, (le monde éclairé), dictionnaire de la langue samskrite, par Mahêswara. Voy. Jones's *Oriental manuscrits*, n°. 44, et ma notice de l'Amara Kôcha ci-dessus, p. 23—26.

CIII, CIII [2] (191, 191 [2]). *Sank'hia Sâra*, traité de la philosophie Sank'hia, par Râma Krichna Bhattâtchâria, copié en 1648 du Sâkâbda (1726 de J. C.), en 2 vol.

Le Sank'hya est double, la partie avec Isouara, la partie sans Isouara, la première intitulée *Patandjela*, n'a qu'un chapitre divisé en quatre sections, il sert à dissiper les doutes par le moyen de la contemplation, la seconde nommée Kapila, est en six chapitres qui traitent de la production de toutes choses par l'union de Prâkriti et de Pouroucha, ou le premier mâle. Il contient aussi en huit parties des principes de dévotion, des pensées sur la puissance invisible, etc. (LANGLÈS.)

CIV. (240). *Sâhitia Darpana*, (miroir des vers), art poétique des Hindoux, composé par Viswanâtha, copié en 949 du Sakâbda (1027 de J. C.)

CV. (250). *Kani Kalpa Drouma*, (l'arbre du desir du poète), contenant les racines de la langue samskrite, arrangées alphabétiquement par Bopa Dêva.

CVI. (198). *Souddhi Dipaka*, traité d'astronomie, par Srinivâsa, copié en 1641 du Sakâbda (1719 de J. C.)

CVII. (267). *Râghava Pandavi*, poëme, sans nom d'auteur.

CVIII. (64). *Raghava Pandavia*, commentaire sur le Râghava Pandavi, par Viswanâtha Dêva.

CIX. (265). *Venisanhâra*, drame écrit, partie en samskrit, et partie en prakrit. Voy. Jones's *Oriental manuscrits*, n°. 46, où cet ouvrage est intitulé *Venisanthâra*.

CX, CXI. (251, 252.) *Kâdambari*, poëme, composé par Bhattou Bâna, en 2 vol.

CXII. (268). *Mourari*, drame en 7 actes, copié en 1454 du Sakâbda. (1522 de J. C.)

CXIII. (277). Cette boëte contient deux ouvrages ; savoir :

1o *Satkritia Mouktâvali*, ouvrage sur l'astrologie, par Raghounâtha.

2o. *Guîtâ Govinda*, hymnes à Gôvinda, par Djaya Dêva.

C'est une espèce d'épithalame fort beau et rempli d'images poétiques sur les amours et le mariage un peu clandestin de Mâdhêva et son amante Râdhâ qui folâtroit sur les bords de l'Yamouna (le Djemnah), et s'enfonçoit précipitamment dans des bosquets mystérieux. Nous remarquerons, d'après M. Jones, que Gôvinda, Mâdhêva et Krichna sont le même personnage, Râdhâ, est l'attraction réciproque de la bonté divine et de l'ame humaine, personnifiée. Djaya Dêva florissoit, dit-on, avant Kâlidâsa, et naquit, comme il le dit lui-même, à Kendouli, que l'on croit être maintenant Kalinga, mais il y a une ville de Kendouli dans le Berdouan, dont les habitans réclament Djaya Dêva pour être leur compatriote, et célébrent tous les ans une fête en l'honneur du plus fameux poète lyrique de l'Inde. Ils passent la nuit entière à représenter ses pièces et à réciter ses beaux vers. Le Guîtâ Govinda a été traduit en Anglais par M. Jones, et inséré dans les Recherches asiatiques, Tom. III, pag. 8. et suiv. (LANGLÈS.)

CXIV. C'est le n°. XLIV du Catalogue des livres samskrits en caractères dêvanâgari, ci-dessus, pag. 28.

CXV. (18). *Mêghadouta*, (le nuage messager;) c'est le même poëme que celui qui se trouve sous le n°. XLIV, des Manuscrits en dêvanâgari; celui-ci est en caractères bengali.

CXVI. (70). Traité sur la religion indienne, mais qui n'a point de titre, composé par Mathourânâtha.

CXVII (269). *Moudra Rakyasa*, drame dont le héros est Tchandra Goupta, ou Sandrocottus, mentionné par Megasthènes, Arrien, etc.

CXVIII, CXIX, CXX. (272, 273, 274). Cette boëte contient trois ouvrages; savoir :

1°. *Amara Sataka*, (les cent préceptes).

2°. *Hâsiarnava*, (la mer de la raillerie), drame burlesque en samskrit et en prakrit, composé par Djayadeswara Bhattâtchâria.

C'est une Satyre sanglante contre les rois et leurs courtisans, et surtout contre les prêtres que l'auteur taxe de libertinage et d'hypocrisie. Jones *Oriental manuscrits*, n.° 50. (LANGLÈS.)

3°. *Mâlati* et *Mâdhava*, drame en 10 actes. Vçy. Jones's *Oriental manuscrits*, no. 49.

CXXI, CXXII. (262, 263). *Naïsâdha*, poëme épique, en 2 vol., contenant les aventures de de Râdjâh Nala. Jones's *Catalogue of manuscrits*, n°. 12.

CXXIII. (118). *Tithi Nirnayon*, les jours de la lune expliqués sous le double point de vue astrologique et religieux, par Gopal.

CXXIV. (117). *Vibâda Nirnaya*; (procès accommodé) ouvrage de jurisprudence, copié en 1692 du Sakâbda (1770 de J. C.)

CXXV. (38). Cette boëte contient deux ouvrages; savoir :

1°. *Tchanda Vilasa*, (les charmes de la poésie), par Sri Kânta.

2°. *Vidagdha Mourkha Mandala*, (le temple de l'ignorance détruit), par Dharmadâs.

CXXVI. (227). *Dasabadali Karika*, courte dissertation sur différens points de grammaire et de prosodie.

CXXVII. (264). *Mahâ Nâtaka*, (la grande comédie), drame en samskrit et en prakrit, composé par Madhousoudana Misra. Voy. Jones's *Oriental manuscrits*, n°. 47.

Les *Nâtaka* sont des drames indiens que l'on représentoit autrefois devant les Râdjâh, dans des assemblées publiques. L'art dramatique, parmi les Indiens, remonte à une époque très-reculée; on en attribue l'invention à un sage inspiré nommé *Bherét*, également auteur d'un système musical qui porte son nom ; mais, sans nous engager dans une question inextricable relativement à l'origine du théâtre indien, il me suffira d'observer qu'il tire son plus grand éclat du fameux Kâlidâsa, auteur de Sakountalâ. Voyez n.° LXXXVI. (LANGLÈS).

6

CXXVIII. (96). *Kriya Yoga Sâra*, épisode tiré du Pâdma Pourâna, contenant un dialogue entre les philosophes Vyâsa et Djaïmini.

CXXIX. (241). *Kâvia Prakasa*, art poétique, composé par Krichna Dêva.

CXXX. (243). Autre exemplaire du même ouvrage.

CXXXI. (119). *Vibâda Tchintâmani*, traité de jurisprudence, par Misrari Vâtchespati copié en 1454 du Sakâbda (1532 de J. C.)

Misrari Vâtchespati ou Vâtchespati Misra est désigné quelquefois par son seul nom de famille *Misra*. On cite encore du même législateur un ouvrage intitulé *Vyabahâra*, et d'autres qui jouissent d'une grande autorité parmi les jurisconsultes de Mithilâ. Il n'y a pas plus de dix ou douze générations que cet écrivain florissoit à Semaout, dans le district de Tirhout. (Langlès).

CXXXII. (135). *Tantra Sâra*, traité des rites religieux, par Krichna Ananda Bhattâtchâria, copié en 1654, du Sakâbda (1731 de J. C.) Voy. Jones's *Orient. manuscrits*, n.° 25.

CXXXIII. (6). *Dourgâ Stava*, cérémonies que l'on pratique pendant la fête nommée Desahâra et consacrée à cette déesse, extrait du Mârkândeya Pourâna.

CXXXIV. (55). *Meïmânsa Soutra*, (principes de la philosophie Meïmânsa).

Cette philosophie a pour but d'établir la nécessité absolue des principes contenus dans les livres sacrés des Indiens, et de fournir des maximes pour leur interprétation, ainsi que des règles de raisonnement, d'après lesquelles on peut établir un système théologique. (*Colebrooke on the vedas. Asiat. Resear.* Tome VIII, p. 462, 463. (Langlès).

CXXXV. (181). *Méïmânsa Kalpaka*, exposition du systême philosophique Méïmânsa, par Govinda Bhattâchâria.

CXXXVI. (145). Cette boête renferme trois traités de la philosophie Méïmânsa.

CXXXVII. (61) *Méïmânsaka San Kalpa*, exposition et explication des principes de la même philosophie par Râma Krichna Bhattâtchâria.

CXXXVIII. (107). *Soundara Khanda*, épisode tiré du Râmâyana.

CXXXIX. (115). *Manorama*, ouvrage composé par Râmanâtha Sarma.

CXL. (153). De la manière de lire les enchantemens contenus dans les Vêda, par Vichnou Bhattâtchâria.

CXLI. (278). Cette boête renferme deux ouvrages, savoir :

1.º Une seconde copie du *Prabôdha Tchandra Oudaya*, déjà mentionné ci-dessus, n.º XCIX.

2.º L'*Hitôpadêsa*, fables de Pilpay, traduites par MM. Wilkins et Sir Will. Jones. Cette copie a été faite en 1618 du Sakâbda, (1699 de J. C.) Jones's *Catalog. of Orient. manuscrits*, n.º 22.

Le titre de cet ouvrage signifie *instruction utile* ou *amicale :* c'est un recueil de fables dont MM. Jones et Wilkins ont fait chacun une traduction anglaise, et qu'ils ont présenté comme le prototype des fables attribuées à Pilpay, Loqmân et Æsope, opinion que j'ai moi-même partagée dans mon discours sur la religion, la littérature, etc. des Hindoux, placé au commencement de mes *Contes Indiens*. Mais j'avoue que les attaques portées par M. Bentley à la haute antiquité des Hindoux, m'inspirent quelque défiance de moi-même; je ne rétracterai pourtant pas une opinion qui m'est commune avec des savans de la plus vaste érudition; je ne me permettrai pas non plus de la soutenir contre un autre savant qui par ses rares connoissances astronomiques et érudites, et par ses recherches curieuses et exactes doit faire un grand poids dans la balance. Je ne discuterai donc pas plus long-temps l'époque à laquelle on peut fixer la composition de *l'Hitôpadésa*; j'ai fait des recherches assez étendues sur le sort qu'a éprouvé cet ouvrage dans l'univers savant : on trouvera le résultat de ces recherches et la première partie de l'ouvrage même traduite en français dans mes *Contes Indiens*, publiés en 1790. (LANGLÈS).

CXLII. *Mougdabôdha*. Grammaire samskrite particulière à la province du Bengale, par Bôpadêva.

« Le Mougdabôdha est, suivant M. Colebrooke, une » grammaire populaire qui jouit d'une grande réputation » dans le Bengale; » elle est accompagnée d'un commentaire (qu'on trouve indiqué sous le n.° ci-après). L'auteur a adopté le même plan que celui du *Kaumadi*, mais il ne s'est point borné à traduire les règles tracées par Pânini et à se conformer à ses termes techniques. Il a lui-même inventé des termes nouveaux et imaginé de nouvelles abbréviations. Le même auteur a composé un catalogue métrique des verbes rangés par ordre alphabétique. Ce catalogue intitulé *Kavi kalpa drouma*, est destiné à remplacer le Dhâtoupâta; mais pour en revenir au principal ouvrage de notre auteur, que nous possédons à la bibliothèque impériale, il paroît que son plus grand inconvénient résulte de l'innovation qu'il a voulu y introduire, de manière que les commentaires et les scholies destinés à éclaircir les poëmes et les ouvrages scientifiques, doivent être souvent inintelligibles pour ceux qui n'ont étudié que sa grammaire ; et les écrits de ses partisans doivent être également inintelligibles dans tout ce qui concerne la grammaire, pour ceux qui ont étudié le Pâniniya. Enfin ils sont entièrement privés de toute communication grammaticale avec les savans des autres provinces de l'Inde. Telle est du moins l'opinion des Pandits du Bengale. Aussi ne peuvent-ils comprendre la plus grande partie des dictionnaires étymologiques et des commentaires sur les vocabulaires écrits en vers. Voy. Colebrooke *on the Sanscrit and pracrit languages*, tome VII, page 213 des *Asiatick Researches*. (LANGLÈS).

CXLIII. (216). Cette boête contient deux ouvrages, savoir :

1.° *Mougdabôdhatikâ*, Commentaire sur la grammaire précédente, par Râmâna Atchâria, copié en 1694 du Sakâbda (1772 de J. C.)

Nota. Il existe un autre commentaire qui porte le même titre que celui-ci, et qui a été composé par Dourgâ Dâsa en quatre volumes. (Voy. Jones's *Orient. Mss.*, n.° 38. (LANGLÈS).

2.° *Santcha mâla*, (le collier de deuil), les cérémonies des funérailles des parens de différens degrés, Par Gopal Siddhânta.

CXLIV. (236). *Kâvia Darsa*, (le miroir des vers), Art poétique, composé en samskrit par Dandhi.

CXLV. (226). *Sabda Bhéda Prakâsa*, (la différence des mots expliquée), Traité de grammaire.

CXLVI. (237). *Sisoupâla Badha*, (la mort de *Sisoupâla*), poëme samskrit, copié en 1452 du Sakâbda (1530 de J. C.).

CXLVII. Traité de métaphysique par Siromani Bhattâtchâria.

CXLVIII, CXLIX. (129, 150) *Anoumâna Didhiti*, dissertation sur la mémoire, par le même, en deux volumes.

CL. *Retnâkara*, (la mine de diamants), par Tchandêswara.

C'est sans doute le même ouvrage que M. Colebrooke, (*Digest. of Hindu law*, préface, page xix) intitulé *Vivâda Retnâkara*, et cite comme un Digeste très-estimé des jurisconsultes de Mithilâ ou Tirabhoucti; mais il observe que Tchandêswara, qui étoit ministre de Herasinghadêva, ne fit que diriger et inspecter la rédaction de ces ouvrages : on lui en attribue encore plusieurs autres.

CLI. (231). Grammaire du dialecte Prakrit, commenté d'après le *Sankhipta Sâra*, par Kramadêswara.

CLII. (190). *Sank'hia Sâstra*, doctrine de la philosophie Sank'hia, par Kapilâ, fondateur de cette secte.

La même boête renferme le

Sank'hia Tatwa Kaumadi, fleurs de remarques sur la philosophie Sank'hia, par Vâtchespati Misra.

CLIII. (199). *Krama Dipika*, (la suite des étoiles), Traité d'astronomie, par Kêsava Atchâria, copié en 1542 du Sakâbda, (1620 de J. C.).

CLIV. (112). *Bhakti Sâstra*, Traité des devoirs religieux.

CLV. (234) *Sanghita Dâmodara*, Traité de versification.

CLVI. Traité de grammaire, par Bhavanant Baghisa.

CLVII. (78). *Dravia Viakhia*, (qualités de la matière), tiré du Siddhanta Mouktavali.

CLVIII. (172). *Nyâyâ Vartikatikâ*, commentaire sur la doctrine de la philosophie Nyâyâ, par Vâtchespati Misra.

CLIX. (48). Cette boête renferme six ouvrages, savoir:

Trois Traités de la philosophie Vêdânta, par Sankara Atchâria.

Vêdânta est le titre de la théologie et de l'écriture Indienne qui est contenue dans les paragraphes intitulés *Oupanichâd*, dont quelques-uns sont des portions des *Brahmôna* (ou préceptes divins); d'autres sont détachés, et quelques-uns font partie du *Sanhita*, c'est ainsi qu'on nomme la collection des hymnes, prières et invocations qu'on trouve dans l'un des quatre Vêda. Colebrooke, *on the Vedas* Tom. VIII. p. 378, 379 et 463 des *Asiatick Researches*. La philosophie Vêdânta a pour but d'éclaircir le système de théologie mystique désignée par a prétendue révélation, et de démontrer la manière de 'appliquer à la recherche idéale d'une perfection impos. sible et d'un commerce mystique avec la divinité. Les partisans de ce système philosophique prétendent que, excepté la divinité, rien n'existe, l'univers n'étant qu'un apparente réalité; comme un homme voit en rêvant de objets imaginaires et éprouve mille jouissances ou peines idéales, il en est de même de ce que l'on voit, il y a seulement une lumière brillante qui prend mille apparences, et reçoit autant de noms. Le système Vêdânta fut d'abord enseigné par Vyâsa, un des neuf personnages que les Hindoux regardent comme doués de l'immortalité, le même à qui ils attribuent la rédaction des Vêda et du Râmâyana. (LANGLÈS.)

Deux autres ouvrages sur le même sujet, par Sadânandana, intitulés *Vêdanta Sâra*.

Un autre par Douadjindra.

CLX. (187). *Vêdânta Sâra*, le même ouvrage que celui qui est mentionné dans l'article précédent. C'est un traité des principes de la philosophie de la secte Vêdânta, composé par Sadânandana, et copié en l'an 1644, du Sakâbda. (1722 de J. C.).

CLXI (186). *Vêdânta Darsana*, explication du système de la philosophie Vêdânta.

CLXII. (121). *Djaghia Bandeya*, de la manière de faire le sacrifice nommé *Djaghia*; extrait du Dharma Sâstra.

CLXIII. (87). *Samâni Lakhiani Tipani*, commentaire sur un ouvrage intitulé *Samâni Lakhiani*, (distinctions générales), par Djagadisa.

CLXIV. (280). *Gangâ Vakiabâli*, (collier des éloges de la déesse du Ganges). C'est un recueil d'hymnes en l'honneur de cette déesse, par Visouasa Dêvi, copié en 1444 de l'ère Sakâbda (1522 de J. C.).

CLXV. (163). *Bidhivâda*, définitions légales, par Mathourânâtha.

CLXVI. (124). Rituel des cérémonies qui s'observent pour le culte de Vichnou.

CLXVII. (123). *Djalâṣaya Outsarga*, (de la consécration des étangs,) copié en l'an 1652 de l'ère Sakâbda (1730 de J. C.).

CLXVIII. (197). *Djoti Pradipa*, Traité d'astronomie.

CLXIX. (121). *Mânava Dharma Sâstra*, institutes de Menou.

« Cet ouvrage, dit M. Jones, renferme beaucoup de choses curieuses et intéressantes pour les juristes théoriciens et les antiquaires. Il présente aussi une grande quantité de beautés qu'il n'est pas nécessaire d'indiquer et des taches qu'on ne peut ni dissimuler, ni pallier; c'est un système de despotisme et de théocratie, tempérés par la loi, mais qui concourrent à se prêter un appui mutuel tout en se réprimant réciproquement. On y trouve des idées étranges en métaphysique, et en philosophie naturelle, des superstitions extravagantes, une théologie obscurément emblématique, des formalités minutieuses, des cérémonies généralement absurdes; la partialité et le caprice règlent les punitions; elles sont horriblement cruelles pour certains crimes, trop légères pour d'autres; la morale, quoique assez sévère en général, est d'un relâchement inexcusable, surtout pour deux ou trois cas; par exemple relativement aux sermens et aux parjures : malgré ces défauts on voit très-bien qu'un esprit de dévotion sublime, de bienveillance envers le genre humain et d'affection pour toutes les créatures sensibles, règne dans tout le cours de l'ouvrage. Le style a une majesté austère qui ressemble à la langue des législateurs et qui commande le respect. Il y a une véritable noblesse dans les sentimens d'indépendance à l'égard de tous les êtres, excepté Dieu, et dans les conseils sévères adressés aux Souverains eux-mêmes. Les nombreux éloges de la prière *Gayatry*, (mère des Vêda), prouvent que l'auteur adoroit, non pas le soleil matériel et visible, mais cette lumière divine et incomparablement plus grande, suivant le style de l'écriture indienne, qui éclaire tout, réjouit tout, de qui tout procède, où tout doit retourner, qui peut seule illuminer, non seulement nos organes visuels, mais encore nos ames et notre entendement. En un mot, quelque idée que l'on puisse se former de Menou et de ses lois, dans un pays où règne une saine et véritable philosophie, il faut se souvenir que ces lois sont révérées comme la parole de Dieu, par des nations qui, sous le point de vue politique et commercial, méritent toute l'attention des peuples industrieux de l'Europe, et qui supportent fort patiemment le joug de ceux-ci, pourvu qu'on les laisse jouir du bénéfice de ces mêmes lois, que leur éducation leur fait regarder comme sacrées, et qui sont les seules qu'ils puissent comprendre. Menou, disent-ils, tient le premier rang parmi les législateurs, parce qu'il a exprimé dans son Code tout le sens des Vêda. Les Codes opposés à celui de Menou ne jouissent d'aucune considération ; Menou enseigne les moyens d'acquérir des richesses légitimes, indique le chemin de la vertu et celui de la félicité suprême. Enfin Vyâsa, fils de Parasara, le rédacteur des Vêda, a décidé que les Vêda avec leurs Anga, ou les six ouvrages qui en sont tirés, le Système de Médecine révélé, les Pourâna, (histoire sainte) et le Code de Menou, sont quatre ouvrages investis d'une autorité souveraine, et qu'il ne faut jamais attaquer avec des raisonnemens purement humains.

» Les Brâhmanes croyent généralement que Brahmâ enseigna à Menou ses lois, au moyen de cent mille vers que Menou expliqua au monde primitif, dans les propres termes de l'ouvrage que nous possédons, (le Dharma Sâstra), et que M. Jones a traduit en anglois, Menou s'y nomme à la troisième personne à la manière des anciens Sages. Mais on assure dans une courte préface placée à la tête du Traité de Jurisprudence de Nârêda, que Menou ayant écrit les lois de Brahmâ en cent mille Sloka, ou Distiques, arrangés sous vingt-quatre titres ou mille chapitres, remit l'ouvrage à Nârêda, le sage parmi les dieux. Celui-ci l'abrégea en douze mille vers, pour l'usage du genre humain, et le donna à un fils de Bhrigou, nommé Soumati, qui, pour la plus grande commodité des hommes, réduisit ces douze mille vers à quatre mille que les mortels se contentent de lire; tandis que la troupe des musiciens célestes et les divinités des cieux inférieurs s'occupent à lire le Code primitif, lequel commence par le cinquième vers un peu altéré de l'ouvrage qui existe maintenant sur la terre; mais il ne reste rien de l'Abrégé de Nârêda, si ce n'est un précis élégant du neuvième titre original sur l'administration de la justice. Or, comme ces Institutes ne sont composés que de deux mille six cent quatre-vingt-cinq vers, ils ne peuvent être la totalité de l'ouvrage donné à Soumati et qu'on distingue probablement par la dénomination de *Vriddha* (ancien) *Mánava*, mais qui ne se trouve pas entier. Cependant on en cite dans le Digeste plusieurs passages conservés par la tradition.

» Les *Mouni*, ou anciens philosophes ont composé une quantité de gloses ou commentaires sur Menou. Leurs commentaires, avec l'ouvrage dont il sagit, forment le *Dharma Sástra* en sens collectif, ou corps de droit. M. Jones en cite plusieurs autres d'une haute antiquité, car il n'hésite pas à regarder les institutions même de Menou comme très-anciennes, antérieures à celles de Solon et même de Lycurgue, et d'après différens raisonnemens qu'il seroit trop long de rapporter, il place l'Yadjour Véda, c'est-à-dire le plus ancien des quatre Vêda, vers 1580 ans avant J.-C., et le Code de Menou, 1280 ans avant la même ère. Je dois rappeler encore ici que cette prétention à une très-haute antiquité de la part des Indiens, a été vigoureusement attaquée par un savant astronome M. Bentley, dans le tome VIII des Recherches asiatiques. — M. Jones se prévaut de cette haute antiquité et de la ressemblance des mots Menou et Minos, pour conjecturer que ces deux personnages pourroient bien n'en faire qu'un. Il n'est pas éloigné de penser que quelques-unes des lois des législateurs indiens, ont pu être transportées dans la Crête, d'où Lycurgue dans la suite en aura fait un extrait et un choix adoptés au peuple qu'il vouloit réformer et gouverner. Je n'insisterai pas sur la conjecture de M. Jones, mais on ne peut contester au moins l'étonnante ressemblance qui existe entre les noms Menou, Minos et Mnevis. Menou et Mnevis ont chacun un taureau pour compagnon ou attribut. M. Bryant affirme, d'après le témoignage de Lycophron et de son Scholiaste, que Mnevis et Apis étoient des représentations du même personnage. Ce personnage, ajoute-t-il, étoit celui qu'on appeloit Minos dans l'île de Crète, et que l'on représentoit sous l'emblême du Minotaure. Diodore, qui le restreint à l'Egypte, en parle sous le nom du taureau Mnevis, comme du premier législateur qui parut sur la terre après le règne des dieux et des héros. Le même savant croit reconnoître, dans ce législateur, le Menès que les Egyptiens révéroient comme leur premier roi et leur principal bienfaiteur, qui offrit le premier des sacrifices aux dieux, et opéra un grand changement dans leur régime diétetique. Au reste, la conformité de ces différens personnages n'est pas moins frappante que la ressemblance de leur nom; et je crois avec M. Jones que Menou, Minos et Menes, et même Mnevis, ont la même origine que *Mens* et *Mind* (entendement), mots dont la racine se trouve en samskrit, c'est *men*, qui signifie comprendre ; or, de l'avis de tous les Pandits, Menou signifie intelligence, surtout dans la doctrine du Vêda, que l'auteur du Dharma Sâstra paroît avoir étudié avec beaucoup d'attention. (LANGLÈS).

CLXX. (258). *Bhatti*, poëme héroïque populaire, composé par Bhartri Héri Pandita, copié en 1594 de l'ère Sakâbda, (1672 de J. C.). Voy. Jones's *manuscrits*, n.° 13.

Ce poëme est je crois le même dont parle M. Colebrooke sans en donner le titre, et qui contient trois ou quatre *Sataka* ou centaine de strophes, ce sont des réflexions morales du poëte sur l'infidélité de sa femme. Ce même poète a mis en vers faciles à retenir, les règles perfectionnées de la grammaire. Ses aphorismes métriques intitulés *Kârikâ* ont une autorité égale aux préceptes de Pânini et aux corrections de Katyâyâna ; ce saint législateur inspiré dont l'histoire est toute mythologique, entreprit de corriger les errreurs de Pânini, de suppléer ses omissions, d'éclaircir ses obscurités. Ses notes sont intitulées *Vârtéka*. Si la tradition populaire touchant Bhartri Héri méritent quelque confiance, nous pouvons croire qu'il florissoit dans le premier siècle avant l'ère vulgaire, car on suppose qu'il est le même que le frère de Vikramâditya qui règnoit à Oudjéni, à une époque fixée par l'ère *sambat*, 56 ans accomplis avant J. C. Colebrooke *on the sanscrita and pracrita languages.* Tom. VII. p. 204 des *Asiatick Researches*. (LANGLÈS.)

CLXXI. (171). *Nâtaka Tchandrikâ*, (le guide dramatique), ou règles pour les compositions dramatiques.

Les Nâtaka font parties des *Kâvia*.

CLXXII. (18). Cette boête contient trois ouvrages, savoir :

1.º *Méghadouta*, Poëme de Kalidâsa, déjà indiqué sous les n.ᵒˢ XLIV (dêv.) CXV (beng.)

2.º *Sânti Sataka*, poëme didactique de Sihlâd.
Voy. Jones's *Orient. Mss.*, n.º 20.

3.º *Anandana Héri Stotra*, (louanges du jovial
Héri), par Sankara Atchâria ; copié en 1639 de
l'ère Sakâbda (1717 de J. C.)

CLXXIII. (146). Traité des facultés de l'esprit, par Bhavananda.

CLXXIV. (113). *Rasamrita Sindhou*, (Océan
de l'ambrosie du plaisir), ouvrage didactique en
prose et en vers.

CLXXV. (114). *Prayastchitta Vibeka*, (doctrine de la transmigration), par Soulapâni, copié
en 1645 de l'ère Sakâbda (1723 de J. C.)

CLXXVI. (165). *Prakasika*, (le commentateur), composé par Baghirâtha.

CLXXVII. (155). Poëme qui ne porte ni titre
ni nom d'auteur.

CLXXVIII. *Kâvi Kalpa Latâ*, (l'arbrisseau du
devoir des poëtes), par Râghava Tchaïtanga.

CLXXIX. (283). Grammaire samskrite et
latine abrégée, suivie de l'Amara Kôcha, traduit
en latin en grande partie, et d'un Dictionnaire
des verbes samskrits, avec leur signification également en latin.

Quelqu'imparfait que soit cet ouvrage rédigé dans
l'Inde par quelque modeste missionnaire, avec le secours
d'un pandit, on peut cependant le regarder comme le
livre élémentaire le plus précieux peut-être qui existe

jusqu'à ce jour en Europe, pour faciliter l'étude du Samskrit; et il est bien supérieur à tout ce que le P. Paulin de Saint-Barthélemy a donné sur cette langue savante, sans en excepter son *Vyâkarana*, où il règne surtout une telle confusion dans les verbes, qu'il est très-difficile de s'y reconnoître. (LANGLÈS).

Supplément des Manuscrits en dêvanâgari. (p. 28).

XLV. (13, Anquetil). Fragmens des *Sanhitâ* des Vêda, avec les prières qu'on récite avant et après la lecture de ces livres.

Les *Sanhitâ* sont le titre que l'on donne à la collection des hymnes, prières et invocations qui dépendent de l'un des quatre *Vêda*, suivant la tradition conservée dans les Pourâna. On compte 16 *Sanhitâ* dans le *Rig-vêda*, 86 dans l'*Yadjour Vêda*, et même 101, si l'on y comprend ceux qui ont été insérés d'après une seconde révélation de ce Vêda, et 1000 au moins dans le *Sama Vêda*; en outre 9 dans l'*Atharvana Vêda*. On sait que ce quatrième Vêda est de nouvelle date et de beaucoup postérieur aux trois autres (LANGLÈS).

XLVI. (283). *Kâma Sâstra*, (la science de l'amour), poëme érotique, sans nom d'auteur.

XLVII. (16. Anquetil). *Viâkarana*, Dictionnaire samskrit.

Ce Dictionnaire a été publié en caractères malabars, avec une traduction latine et des notes par le P. Paulin de Saint-Barthélemy, à Rome, en 1804 (LANGLÈS).

XLVIII. (17, Anquetil). *Nammala*, Dictionnaire samskrit, à l'usage des Choura.

M. Colebrooke écrit Nâmamâla et ne le cite que d'après un grammairien, nommé Medinikar. J'ai tout lieu de croire que cet ouvrage est extraordinairement rare dans l'Inde. (LANGLÈS).

7

XLIX. (18, Anquetil). Autre exemplaire du même ouvrage, copié de manière à recevoir une traduction interlinéaire.

Manuscrits en langue et en caractères bengalis.

I. *Kâlika Pourâna* (extraits du), traduits par Sîva Râma Ghaiâsa;

II.
- 1. *Adi parva.* 1.er volume du *Mahâbhârata.*
- 2. *Virâta parva.* 4.e volume du même poëme.
- 3.
  - *Bhisma parva.* 6.e volume *idem.*
  - *Karna parva.* 8.e volume *idem.*
- 4.
  - *Djana parva.*
  - *Gada parva.*
  - *Mausala parva.*
  - *Nari parva.*
  } 4 autres volumes du *Mahâbhârata.*

Remarquez que le *Mausala Parva* est le seizième livre de ce poëme, et que trois autres *Parva* sont autrement dénommés dans l'énumération ordinaire des livres du *Mahâbhârata.* (Voy. ci-dessus, n.° XX des manuscrits en caractères bengalis.

III. *Tchandika mangala.* Poëme.
IV. *Vidyâ soundara*, ou les amours de Vidyâ et de Soundara. Poëme d'une composition moderne.
V. *Strilarika varnana,* ou description des femmes.
VI. *Elémens de la langue bengalie.*

Cet ouvrage très-court et très-imparfait, est écrit entièrement en bengali. Son plus grand mérite est d'offrir un alphabet bengali très-bien écrit, et dont les lettres sont tout-à-fait semblables à celles que le savant M. Wilkins a gravées lui-même dans l'Inde, et qu'on a employées dans l'excellente grammaire bengalie de M. Halhed imprimée à Hougly en 1778, qui est devenue d'une rareté extrême.

VII. *Secrétaire bengali*, ou recueil de lettres, de pétitions, de protocoles, suivi d'une méthode de calculs. 2 petits volumes en Bengali pur, sans aucune traduction.

VIII. *Générations Française-Persane-Maure et Bengalie*, ou liste de tous les degrés de parenté et de filiation, traduite en Persan, Maure et Bengali, chacune de ces langues étant écrite avec les caractères qui lui sont propres.

IX. *Vocabulaire Bengali, Français et Portugais* de l'Inde, tout en caractères bengalis.

X. *Vocabulaire Bengali et Français*, où le Français est écrit en caractères bengalis.

N. B. Les dictionnaires et vocabulaires suivans sont, à l'inverse des deux précédens, entièrement écrits en caractères latins.

XI. *Dictionnaire Français et Bengali* contenant environ 12500 mots français et le double au moins de mots bengalis ordonnés alphabétiquement sur une seule lettre.

XII. *Dictionnaire Français et Bengali* contenant environ 11000 mots français et 30000 mots bengalis ordonnés alphabétiquement sur deux lettres. Le dictionnaire ci-dessus s'y trouve refondu en grande partie.

XIII. *Vocabulaire Français, Anglais, Portugais de l'Inde, Persan, Maure et Bengali*, sur six colonnes, contenant de 5700 à 3800 mots, sans comprendre les synonymes qui sont souvent au nombre de deux ou trois pour chaque mot des langues de l'Inde.

Ce Vocabulaire extrêmement utile n'est pas disposé par ordre alphabétique, comme les précédens, mais il est distribué par ordre de matières, sous quatre-vingts chefs différens.

XIV. *Recueil des mots bengalis les plus purs, tirés du Samskrit, etc.*, ordonnés sur une lettre seulement. Il contient de 2000 à 2500 mots.

NOTE de M. LANGLÈS,

Sur quelques Langues anciennes de l'Inde.

Il a été fait si souvent mention du Samskrit et du Prakrit, etc. dans le cours de ce Catalogue, que je ne puis le terminer sans y ajouter une courte note sur les anciennes langues de l'Inde.

Dans un Traité de rhétorique rédigé pour l'usage de Mânikya Tchandra Râdjâh de Terabhoucti ou Tyrhoùt, et cité par M. Colebrooke dans son Mémoire *On the Sanscrit and Pràcrit languages*. Tom. VII, p. 199, des *Asiatick Researches*, édit. de Calcutta, on trouve une courte énumération des idiômes employés par les Poëtes Hindoux, d'après deux auteurs qui ont traité de la poésie. Voici la traduction littérale de ces deux passages.

« Le *Samskrita*, le *Prâkrita*, le *Païsâtchî* et le *Mâgadhî*, sont en sommaire les quatre sentiers de la poésie, les dieux parlent *Samskrita*; les bons génies, *Prâkrita*; les méchans démons, *Païsâtchî*, les hommes de basses tribus et les autres, *Mâgadhî*. Mais les sages regardent le Samskrita comme le principal de ces quatre langages; on s'en sert de trois manières, en prose, en vers, et dans un style qui est un mélange de ces deux manières.

» Les hommes vertueux ont déclaré qu'il y a quatre sortes de langages, le *Samskrita* ou dialecte poli; le *Prâkrita* ou dialecte vulgaire; l'*Apabhransa* ou jargon, et le *Misra* ou mêlé: le *Samskrita* est le langage des êtres célestes et repose sur des principes grammaticaux; le *Prâkrita* lui est semblable, mais on peut le regarder comme un dialecte provincial, et les deux autres idiômes sans grammaire sont parlés dans leurs districts respectifs ».

Il y a tout lieu de croire que le Païsâtchî est un idiôme de sorcellerie que les poètes dramatiques mettent dans la bouche des démons, lorsqu'ils introduisent sur la scène ces êtres fantastiques; quant au mélange d'idiômes indiqué dans la seconde citation, on l'employe dans les pièces dramatiques, comme le dit notre auteur dans une autre strophe. Ce n'est point un langage composé, mais un dialogue entremêlé de différens idiômes dont se servent les différens personnages du drame; on peut, de cette manière, concilier aisément les deux passages cités précédemment. Il en résulte que le *Samskrit* èst un langage poli dont les inflexions, malgré leurs anomalies, sont soumises à des règles grammaticales; les poètes dramatiques le mettent dans la bouche des dieux et des saints personnages. Le *Prâkrit* est formé de dialectes provinciaux; il est bien moins rafiné que le *Samskrit* et sa grammaire bien moins parfaite. Le *Mâgadhî* ou *Apabhransa* est un jargon sans règles grammaticales; ces trois définitions sont parfaitement justifiées par les étymologies des noms de ces trois idiômes. *Samskrita* est le participe passif d'un verbe composé de la préposition *sam*, que l'on joint au verbe simple *kri*, en interposant la lettre *s* lorsque ce mot composé est employé dans le sens d'embellir; sa signification littérale est donc alors *orné*, et appliqué à un langage, il signifie *poli*. *Prâkrita* est également dérivé du verbe *kri*, auquel on préfixe la particule *prâ*; la signification la plus commune de ce mot *banni*, *rebuté* ou *de basse caste*; appliqué au langage, il signifie *vulgaire*. *Apabhransa* est dérivé de *bhras*, et signifie *tomber*; il désigne un dialecte ou un mot détourné de son étymologie exacte, un mot corrompu. Les grammairiens emploient le mot *Samskrita* pour signifier *formé convenablement, ayant des inflexions régulières*.

Comme le Samskrit paroît être la base, non-seulement des idiômes dont nous venons de parler, mais encore de tous les dialectes ou jargons employés aujourd'hui dans l'Inde et dans les îles qui en dépendent, tels que le Malabar, le Tamoul, le Canarin, le Marhatte, le Bengali, l'Indoustani ; ou More, le Baly, le Siamois, et même le Malay, (abstraction faite des mots Arabes qui s'y sont introduits) c'est sur cette espèce de *langue-mère* et *Sacrée* que doivent porter le petit nombre de réflexions auxquelles il faut ici nous borner.

Le Samskrit doit être rangé parmi les plus anciennes langues connues, et quoique les preuves chronologiques nous manquent, nous en avons d'autres qui ne sont pas moins positives : 1°. l'anomalie de ses inflexions, plus remarquable encore dans le dialecte presque oublié et surtout inusité des trois premiers Vêda que dans les compositions des poètes classiques ; 2°. il a éprouvé le sort de toutes les anciennes langues et doit être maintenant rangé parmi les langues mortes. Il y a même lieu de douter qu'il ait été jamais parlé universellement dans l'Inde ; son nom et les grandes difficultés de sa grammaire ont fait penser à quelques savans que ce devoit être le résultat des efforts d'un petit nombre de prêtres qui ont voulu se créer un langage particulier et inconnu au vulgaire, à-peu-près de même que la connoissance des hiéroglyphes paroît avoir été réservée exclusivement aux prêtres Ægyptiens. J'ai eu occasion dans mes *Notes et éclaircissemens sur le Voyage de Norden*, tom. III, p. 297 de la nouvelle édition de ce *Voyage*, de remarquer d'après Diodore de Sicile (*Lib.* III, *cap.* 3.) que « les hiéroglyphes étoient d'un usage » vulgaire parmi les Æthiopiens de qui les Ægyp- » tiens les avoient reçus ». Il seroit donc très-possible que la langue Samskrite fût originairement aussi étrangère à l'Inde que les hiéroglyphes l'étoient à l'Ægypte., et ce qui sembleroit donner un certain degré de probabilité à cette conjecture, c'est son affinité extrême avec les anciennes langues de la Perse, avec le grec, le latin et surtout l'allemand. Comment expliquer cette incontestable affinité, à quelle époque remonte-t-elle ? C'est un problème que les savans les plus versés dans les antiquités orientales et les plus ingénieux n'ont pu résoudre et ne résolveront, je crois, jamais. Nous apprenons seulement par un auteur Persan (Mohhammed Fâny dont j'ai cité le texte dans mes *Notes* sur la traduction française des *Recherches Asiatiques*, tom. II, p. 32.) qu'à une époque très-reculée, les Persans et les Indiens ne formoient qu'un même peuple, avoient la même religion, la même organisation politique, et nous ne pouvons douter qu'ils n'eussent la même langue. Cette langue s'est répandue dans l'Hindoustân, dans la plupart des îles qui en dépendent, et dans une partie de l'Europe, ce sont des faits attestés par les langues même de ces différentes contrées, mais sur lesquels l'histoire ne fournit aucun document.

TABLE

Des Auteurs et des Ouvrages cités dans ce Catalogue.

A

Adhiatma *Râmâyena*, III. (Dèvan.). XXIII.
Anga, ouvrages tirés des Vêda, page 90.
Apadoudharana Mantra, XIV. (dèv.).
Aditya Hridaya, XX. (dèv.).
Amara Kôcha, XXXIII. (dèv.). XXXVIII, *id.* XXXIX,
  id. XCVI. (extrait en latin de l'), p. 94. (Commentaire sur), p. 6, XCVII.
Amara Singha, grammairien, XXXIII. (dèv.). Voyez
  Amara Kôcha.
Anoumâna Tippani, XXXV.
Anoumâna Didhiti, CXLVIII.
Amara Sataka, CXVIII.
Anândana Héri Stotra, CLXXII.
Avâtara, ou Incarnation de la Divinité, I. (dèv) page 9.
  Avâtara de Krichna, *idem*. Divers *Avâtara*, II.
Ambroisie des Dieux des Hindoux, comment produite, p. 11.
Almanachs Indiens. XXV. (dèvanâg.).
Avya Varga, 17ᵉ. Section de l'Amara Kôcha, p. 25.
Aghi, le Dieu du Feu, (*ignis*). 47.
Æsope (l'Original des Fables attribuées à), cité. p. 83. CXLI.

B

Bhâgavata Pourâna, Voyez Pourâna.
Brahmânda, œuf du monde flottant sur les eaux. 37.
Brahmânda Pourâna, Voyez Pourâna.

Brahmâ enseigne ses Lois à Menou, 90.
Brahmâ Pourâna, v. Pourâna.
Brahmâ engendre les Vêda et les quatre Castes, 37.
Bhâgavata Guitâ, VI. (dêvan.). VII, *idem* VIII *idem*.
Brahmâna, Préceptes divins, 87.
Bhoumi Khanda, XVI.
Bhavâni Stotra, XVIII. (dêv.).
Bhavista Pourâna, voyez Pourâna.
Bhânoudjî Dîkhyita, Grammairien. XXXVIII. (dêv.)
Bhârata Savitri. XCV.
Bhava Dêva, XCVIII.
Bopa Dêva. Poête, CV. Regardé comme l'auteur du *Bhâgavata Pourâna*, 10.
Bhattou Bâra, Poête, CX; CXI.
Bopa Dêva, Grammairien, CXLII.
Bhakti Sâstra, CLIV.
Bhavanant Baghisa, Grammairien, CLVI.
Bhavananda, Philosophe, CLXXIII.
Bidhivâda, CLXV.
Bhatti, CLXX.
Bartri Hari Pandita, Poête, CLXX.
Baghirâtha, Commentateur, CLXXVI.
Bentley (M.), combat l'antiquité des Livres Indiens, page 6, 26, 83, 84, 92.
Billes, sa ressemblance avec Belns, page 30.
Bénârès, nom samskrit et histoire de cette ville, 33.
Bengalie (Élémens de la Langue), VI. (Bengali).

C

Crichna. Voyez Krichna.
Chirat Ardjounia, XVII. (dêv.). XC.
Colebrooke (M.), Membre de la société Asiatique de Calcutta, profondément versé dans la Langue Samskrite,

et des Ouvrages. 105

son opinion sur l'auteur du Bhâgavata, p. 9, son témoignage invoqué p. 10 et passim.
Castes indiennes (Origine des), 37.
Contes Indiens, traduits par Langlès, cités 83 et 84.

D

Dourgâ, Déesse de la mort chez les Hindoux, son surnom, IX. (dêvan.). Ses actions, etc., XI. (dêv.).
Dourgâ Stava, CXXXIII.
Desal.âra, fête de la déesse de la mort, 82.
Dourgâ Singha, Grammairien, LV, LVI, LVII, LIX, LX, LXI, LXII.
Djana Râdjah, auteur d'un Poême sur Ardjouna et Siva, XVI. (dêv). XC.
Djagat Dhera Pandet, Poête, XIX. (dêv.).
Dévi mahâtmia, XXVI. (*dêv*.). XXVII. *id.*
Djoyadrathra, cité, XXVIII. (*dêv*.).
Djaghat Dêsa Bhattâtchâria, Commentateur, XXXI.
Djalasancranti, Fête des Hindoux, LXX.
Djyantis Tatwa, LXXVIII.
Djaga Dêva, Poête, CXIII.
Djaga Diswara Bhatâtchâria CXX.
Dharmadâs, CXXV.
Dasa Badali Karika, CXXVI.
Dourgâ Dâsa, Grammairien, 85.
Dourgâ Stava, CXXXIII. Voyez Mârkandéya Pourâna.
Dandhi, Poête, CXLIV.
Dravia Viakhia, CLVII.
Douadjindra, Philosophe, CLIX.
Djaghia, Sacrifice, 88.
Djaghiabandeya, CLXII.
Dharma Sâstra (Extrait du), CLXII. Voyez aussi *Ménava Dharma Sâstra* (l'Abrégé du), 46.

Djagadisa, Philosophe, CLXIII.
Djaldsaya Outsarga, CLXVII.
Djôti Pradipa, CLXVIII.
Donipâ, (Isles ou presqu'Isles qui composent la terre habitable), 11, 41.
Djagguernatha, (Origine des cérémonies qu'on pratique à), p. 30.

E

Ekâkchara, Collection de Monogrammes, page 26.
Esope. *Voyez* Æsope.

G

Ganêsa Stotra, XVI. (dêv.).
Ganês, Louanges de ce Dieu, le même que Janus. XVI. (dêv.), XXXIII. (dêv.).
Gouna Kirana Bali, XLIX.
Gouna Kirana Bali Tika, LI, LII, LIII.
Guyalis Retna mâla, XX. (dêv.).
Ganêsa Kavatcha, XXXIV. (dêv.).
Gangheswara, Métaphysicien, XXVI, XXVIII.
Gadadhera, Commentateur, XXXVI, XXXVII, XXXVIII.
Gopi Tchandra, Grammairien, LXIV, LXV.
Graha, Yoga, prayoga Tatwa, LXXIV.
Gouna Bhasia, XCI.
Guttâ Govinda, CXIII.
Gopal Astrologue, CXXIII.
Govinda Bhattâtchâria, Philosophe, CXXXV.
Gopal Siddhânta, CXLIII.
Gangâ Vakiabâli, CLXIV.
Gopi, Muses des Hindoux, page 12.
Ganges, Fleuve représenté par une déesse en l'honneur de laquelle on compose des Hymnes, 86.
Gayatri, Prière sacrée parmi les Hindoux, et qu'ils

nomment la mère des Véda, comme les Musulmans nomment *la mère du livre*, le premier chapitre du korân, 90.

Grammaire *Samskrite*, composée en latin, CLXXIX.

H

Hara Tcharita, Tchintamani, XXVIII. (dêv.).
Hinoumân, Poête, XXIX.
Haya Sirsa, X.
Helâyoudha, Poête, LXXXII.
Harsadêva, Poête, LXXXII.
Hâsiarnava, CXIX.
Hitôpadêsa, CXLI.
Hamilton (M. Alex.). vient à Paris pour examiner les manuscrits Indiens de la Bibliothèque Impériale, 7, s'occupe d'en rectifier le Catalogue, et le refait entièrement en Anglois, 8.
Haritâlika, XX. (dêvanâg.).
Horoscopes Indiens, XXXII. (dêv.). XXXVI, *id.*
Halhed, (M.) Sa Grammaire Bengalie, citée, 97.

I

Iwâlâ Moukhi, IX. (dêvanâgari.).
Iwâlâ Moukhi Dévi, un des noms de la Déesse Dourgâ, page 20.
Itihâsa Samoutchaya, XX. (dêvanâg.).
Indra Dioumna, Râdjah fondateur des cérémonies qui se pratiquent à Djaggernatha, p. 30.
Jones, (Sir Will.) traduit en anglois le *Dharma Sâstra*, page 91.

K

Krichna, huitième Avâtara, son histoire, I. (*dêvan*.). page 11. Ses exploits, 11 et 12. Sa naissance, ses aventures, 40, 41 et 47.

Krichna Dêva, Poête, CXXIX, CXXX.
Krichna Misra, Poête, XCIX.
Krichna Ananda Bhattâtchâria, CXXXII.
Koula arnava, XIII. (dêv.).
Kalpa Tarou, p. 29.
Kousoumandjali, XIX. (dêv.). L.
Kârikâ, Aphorismes métriques, 93.
Koula Pradipa, XXXI. (dêv.).
Kâlidâsa, Poête, XL. (dêv.). XLIII. (dêv.). Détails sur ce Poête, p. 28, LXXX, LXXXIV, LXXXV, LXXXVI, CLXXII.
Kâtântra Vriti. XLI. (dêv.).
Katântra Vriti Tika, LV, LVI, LVIII, LXII.
Kalâpa, XLI. (dêv.).
Katyâyâna, Saint Législateur, 93.
Koumara Sambhava, XLIII. (dêv.). LXXXVII.
Kartika, sa naissance, XLIII. (dêv.). p. 28.
Kâlika ou Kalî, l'Hécate des Indiens, page 11 et 30.
Kâlika Pourâna, II et IIII. (beng.).
Kâsi Khanda, V, VI, VII.
Kâsi, Ancien nom de Benarès, 33.
Kâvi Kalpa Latâ, CLXXVIII.
Kâvi Rahassia, LXXXII.
Kirât Ardjounia, XVII. (dêvanâg.). Voyez *Chirâs Ardjounia*.
Kalhad, Philosophe, XCI.
Kâvia Alankâra, CI.
Kâvia Tchandrikâ, XCII.
Kâvia Darsa, CXLIV.
Koumodi, XCVII.
Kâvi Kalpa Drouma, CV, 84.
Kâma Sastra, XLVI. (dêvan.).
Kadambari, CX, CXI.
Kriya Yoga Sara, CXXVIII. Voyez *Pâdma Pourâna*.
Kâvia Prâkasa, CXXIX, CXXX.

- et des Ouvrages. 109

Kapilâ. Philosophe, CLII.
Kalya. fameux Serpent, p. 12.
Krama Dipika, CLIII.
Kramadêswara, Grammairien, CLI.
Kêsava Atchâria, Astronome, CLIII.
Kâpila, fils et incarnation de Vichnou, page 11.
Khietra, extirpation de cette caste, 11.
Kôcha, signification de ce mot samskrit, p. 24.

L

Lingâ Pourâna, I. Voyez *Pourâna*.
Lakhmi, la même que la Cérès des anciens, XVI.
Lilâvati, XL, XLI, XLII, XLIII. Commentaire sur le Lilâvati, XLIV.
Loqmân, (Texte original des Fables attribuées à) 83, CXLI.
Lankâ, Nom samskrit de l'Ile de Ceylan page 14.
Langlès, (*Contes Indiens* traduits par) cités, 83 et 84. Ses Notes sur la traduction françoise des deux premiers volumes des *Asiatick Researches* ou *Mémoires de la Société Asiatique de Calcutta*, citées page 8, et passim,

M.

Mahâbhârata, (Extraits du) VI. (dèvanâgari). VII *id.* VIII *id.* XX *id.* II.. (Beng.) Le même entier. XX. (Ouvrage sur le) XCIV.
Mârkandeya Pourâna. Voyez *Pourâna*.
Matsiâ Pourâna, Voyez *Pourâna*.
Mayoura Battâtchâria, XXI. (dêv.).
Mantra, (Extraits des) XIV. (dêv.). XXIV. *id.*
Méghadouta, XLIV. (dêv.). CXV, CLXXII.
Mathourânâtha, commentateur, XXXII, XXXIII, CXVI.

Malinda Tatwa, LXXVII.
Mohamoud Gara, LXXX.
Mahêswara, Lexicographe, CII.
Mourari, CXII.
Mantra, invocations mystiques, 46.
Moudra Rakyasa, CXVII.
Mâlati et *Mâdhava*, CXX.
Madhou Soudana Misra, Poëte dramatique, CXXVII.
Mâha Nâtaka, CXXVII.
Misrasri Vatchespati, Jurisconsulte, le même que Vâtchespati Misra, voyez ce mot.
Meïmânsa Soutra, CXXXIV.
Meïmansaka Sap Kalpa, CXXXVII.
Meïmânsa Kalpaka, CXXXV.
Meïmânsa, but et exposition, de ce systême Philosophique, CXXXIV, CXXXV, CXXXVI, CXXXVII.
Manorama, CXXXIX.
Men, racine samskrite de différens mots Européens, 92.
Mougdabôdha, CXLII. Notice de cette grammaire, idem 84.
Mougdabôdhattka, CXLIII.
Menes, le même que Menou, 92.
Mathourânâtha, Jurisconsulte. CLXV.
Minos, le même personnage que Menou, 92.
Mânava Dharma Sâstra, CLXIX.
Menouswâyambhouva, sa création, p. 10. Ses institutes, CLXIX. Antiquité de ces Institutes, 92. Observations sur le nom de Menou, *idem*.
Mouni, anciens Philosophes, 91. Rassemblés dans la forêt de Naïmisa, 10.
Mârkandeya, son histoire, p. 12, 19, 31.
Matsiâ Mâdhava, p. 19.

N

Namamâlâ, XLVIII. (dêv.). XLIX. *id.* et p. 26.
Narasingha Pourâna, Voyez Pourâna.
Nâredéya Pourâna, Voyez Pourâna.
Nahoucha, aventures de ce Râdjah, p. 54.
Nyâyâ vantikatika, CLXIII.
Nyâyâ, système philosophique, L, XCI.
Naya Bhasia, XCI.
Nayan Ananda Dêva, Grammairien, XCVII.
Naïsâdha, CXXI, CXXII.
Nâtaka Tchandrikâ, CLXXI.
Naïmesa, ou Naïmisa, forêt célèbre dans les livres sacrés des Hindoux, 10, 30, 37.
Nâréda, Histoire de cet Anachorète. Fils de Brahmâ, 10, sa punition, 37, 91.
Nature, (La puissance active de la) personnifiée, 10.
Nanârtha Varga, seizième section de l'Amara Kôcha, 25.

O

Outkal Khanda, IV.
Outkal, Province nommée aujourd'hui Orissah, 30.
Oudayana Atchâria, Philosophe, XLIX, L.
Oudbâha Tatvva, LXXV.
Ourvâsi vikrama, LXXXV.
Œuf du Monde, (Développement de l') 10, flottant sur l'immensité des eaux, 37.
Orissah, ou Orissâ, quel est le nom samskrit de cette province de l'Inde, page 30.
Oupnek'hat, Corruption persanne d'*Oupanichâd*, Voyez ce mot.
Oupanichâd, nom des Paragraphes tirés des Vêda, etc, et qui constituent le Vêdânta, 87.

P.

Phallus, le même objet que le lingà, (Détails sur le culte du) p. 29, 35.

8

Pourâna (Extraits des dix-huit), X. (dêv.) XX. Id. XXIII. Id. XXIV. Id X. Notice des *Pourâna*, p. 13.

Bhâgavata Pourâna, I (dêvan). XV.

Nâredéya Pourâna, XIX.

Brâhmanda Pourâna (Extrait du) III, (dêvan.). XLVIII, XCIV.

Narasingha Pourâna, XI.

Vichnou Pourâna, XII, XIII.

Siva Pourâna, XIV.

Brahmâ Pourâna, V. (dêvan.)

Lingâ Pourâna, I.

Kalika Pourâna, II. III.

Brahmâ Vaïvartika Pourâna, VIII, (Extraits du) XXXIV. (dêv.)

Vâyou Pourâna, IX.

Vâyou, dieu du vent, 41.

Bhavisia Pourâna (Extraits du), XX. (dêv.) LXX.

Padmâ Pourâna, XVI. (Extraits du) CXXVIII.

Skanda Pourâna (Extraits du) XXII, (dêv.) XXX. (dêv.) IV, V, VI, VII.

Matsiâ Pourâna, XVIII.

Mârkandeya Pourâna, (Extraits du) XXVI. (dêv.) XVII, XLVIII, CXXXIII.

Prithou et Prithivi sa fille, leur histoire, XVI. 53 et 54.

Pak'hi Adhara Misra, commentateur, XXXIV.

Pratikhya Tippani, XXXVI.

Pânini, grammairien, LXV.

Prayoga Tatwa, LXXVI.

Prayastchitta Vibéka, CLXXV.

Praya tchitta Tatwa, LXXXIX.

Prabôdha tchandra Oudaya, XCIX, CXLI.

Pilpay, texte original des fables qu'on lui attribue, CXLI.

et des Ouvrages.

Prakâsika, CLXXVI.
Prâkrit, détails sur cet idiôme, 98-100.
Parikhyït, histoire de ce roi, 10.
Prâkriti, la puissance active de la nature, sa création, 10, 38., 39.
Paridjâta, arbre du Paradis, pag. 12.
Pândava, enfans de Pandou, 12.

R.

Râmâyana, poëmes II et III. (dêvânâg.) Notice des *Râmâyana*, XX, XXI, XXII. (Extraits des), CXXXVIII.
Râma Tchandra, 7.ᵉ avâtara, son histoire, II. (dêv.), III. *Id.* IV. *Id.* V. *Id.*, XX, XXI, XXI 2, XXII, XXIII.
Râma Sahsra Nâma, V. (dêvan.)
Râvana, Roi de Ceylan, ses guerres contre Râma Tchandra, voyez ce mot.
Râma Krichna Bhattâchâria, philosophe. CXXXVII.
Râdjâh Djoumoura Nandi, grammairien, LXIII.
Roudra Yâmala Tantra, XI, (dêv.), XII. *Id.* Voyez Tantra.
Roudra dhêra, XLII. (dêv.)
Raghou vansa, XL. (dêv.) XXV.
Raghounâtha, commentateur, XXX, CXIII.
Raghou Nanda Bhattâtchârya, LXVIII, LXXIX.
Retnâbali, LXXXII.
Râma Krichna Bhattâtchâria, philosophe, CIII, CIII 2, CXXXVII.
Rhâgava Pândavia, CVIII.
Rhâgava Tchaitânga, poëte, CLXXVIII.

Table des Auteurs

Râdjâh Nala, poëte, CXXI, CXXII.
Râmânatha Sarma, CXXXIX.
Râmâna Atchâria, CXLIII.
Retnâkara, CL.
Rasâmrĭta Sindhou, CLXXIV.
Richi, saints personnages inspirés, leur création, p. 10, leur postérité, 11.
Rig ou Ritch Vêda, le premier des IV Vêda, 93.

S.

Sîva, le même que Bacchus, p. 20. XII.
Sadânga Pâta, X, (dêv.)
Sîvânânda Atchâria, moraliste, XXXI. (dêvanâg.)
Sakâ ou Sakâbda, ère qui date du Râdjâh Sâlibâbâna, nommé aussi Sakâ, sa correspondance avec l'ère vulgaire, p. 23, XXXII. (dêv.) p. 27. et *passim*.
Sîva Râma Gaiâsa, I. (*Bengali*).
Sambat, ère qui date de la mort du Râdjâh Wikramaditya, 56 ans révolus avant J.-C. p. 26, 27, 90 et 93.
Saouti, disciple du célèbre Vyâsa, 37.
Strilarika Varnana, V. (*Bengali*.)
Sridhara Swâmi, commentateur du *Bhâgâvata Pourâna*, p. 9.
Skandha, ou chapitres des *Pourâna*, 9, 10, etc.
Sanghita Dâmodara, CLV.
Sânti Sataka, CLXXII.
Sihlâd, poëte, CLXXII.
Sadânga pâta, X, (dêv.)
Sanhita des Vêda, 87, XLV.
Sourya Vansa, enfans du Soleil, 48.
Soundara Atchâria, auteur d'un poëme sur Dourgâ, XVIII, (dêv.).

et des Ouvrages. 115

Soleil (Culte du), p. 18, sa statue à Bénarès, 34, ses enfans, 48.

Sankhipta Sára, LXIII, CLI.

Sankhipta Sáratika, LXIV, LXV.

Samskrit, détails sur cette langue, p. 98-102.

Siddhánta Mouktávali (Extrait du), CLVII.

Swayambhou Richt Sambáda, V. (dèvanâg.), p. 18.

Sri Nivâsa, CVI.

Samaya Pradipa, XXIII. (dév.) LXIX.

Souria Pátaka, XXI. (dév.)

Sridatta, historien, XXIII. (dév.) XXXV. Id.

Soulapâni, théologien, CLXXV.

Swayambhéra, XXIX. (dév.)

Siromani Bhattâtchâria, grammairien, CXLVII, CXLVIII, CXLIX.

Savriti Brata, XXX. (dév.)

Sandharva, CLXVI.

Sîvânânda Atchâria, XXXI. (dév.)

Siva Pouràna, V. Pouràna.

Samâni Lakhiani, 88.

Samâni Lakhiani Tipani, CLXIII.

Sráddha Vibéka Vidhâna, XLII. (dév.)

Sadânândana, philosophe, CLIX, CLX.

Sráddha Prámana Tatwa, LXXI.

Sisoupála Bádha, CXLV.

Smriti Tatwa, LXXIII.

Sabda bhéda Prakasa, CXLV.

Souddhi Tatwa, LXXIX.

Santcha Mála, CXLIII.

Sankara Atchâria, moraliste, LXXX, CLIX, CLXXII.

Soundara Khanda, CXXXVIII.

Sakountalá, XXXVI.

Sri Kânta, poète, CXXV.

Sâlagrâma Mahâtmia, XCV.
Sâlagrâma, pierres sacrées, XCV.
Sank'hia Tatwa Kaumadi, CLII.
Sank'hia Sara, CIII, CIII 2.
Sânk'hia Sâstra, CLII.
Sâhitia Darpana, CIV.
Souddhi dipaka, CVI.
Satkritya Mouktâvali, CXIII.

T

Tantra. Roudra yâmala Tantra, XI et XII. (dêv.). Extraits du même ouvrage, XIII. (dêv.). XIV. *id.* XV. *id.* XVI. *id.*

Tirtha Kanda, section d'un ouvage intitulé *Kalpa Tarou*, p. 29.

Tirtha, endroit où les Indiens font leurs ablutions, p. 29.

Tchandika, extrait du Mârkandeya Pourâna, *voy.* Pourâna.

Tchinnamasta, XV. (dêv.).

Tatwa Tchintamani, XXVI. (Commentaires sur le), XXVII. XXIX. XXXI. XXXII. XXXIII. XXXIV. XXXV. XXXVI.

Tatwa Tchintamani Tippani, XXXII.

Tika, Commentaires.

Trilotchandasa, Grammairien, LVIII.

Tchandasâng Manandjari, LXXXIV.

Tchandra Goupta, le même que le **Sandroeottus** des écrivains grecs, CXVII.

Tithi Nirnayon, CXXIII.

Tchanda Vilasa, CXXV.

Tantra Sâra, CXXXII.

Tchandêswara, CL.

Tchandra Vansa, enfans de la lune, 48.

Tchandi Mangala, III. (*Bengali*).

V

Vâranâsi (Bénarès), cette ville est brûlée par Krichna ; p. 12 ; Histoire de cette ville, 3o.

Vichnou, ses incarnations, 43, 44 ; s'incarne dans son fils, p. 11 ; sa quatrième incarnation, 42.

Vâlmiki, auteur d'un *Râmâyana*, II. (dêvanâg). Voy. ce mot.

Vikramaditya, célèbre Râdjâh, pages 9, 26, 28, 93.

Vâyou Pourâna. Voy. Pourâna.

Vasoudâva, père de Krichna, 47.

Vichnou Sahasra Nama. VII. (dêvanâgary).

Vichnou Pourâna. Voy *Pourâna*

Viakanta Bhattâtchâria, commentateur, XL. XLI. XLII. XLIII.

Vriddha Mânava, 91.

Vatouka Bhaïrava, descendant de Sîva, XII. (dev.) ; ses exploits et ses titres XIV. (dev.).

Vâtéka, notes grammaticales, 93.

Vrata Sara, XXXV. (dêv.).

Viakârana, XLVII. (dêv.) p. 95.

Vena père de Prithou, Histoire de ce Râdjâh, XVI.

Vardhamana, Commentateur, LI. LII. LIII.

Vasourâdjah, Grammairien, LXV.

Vrisa Outsarga Tatwa, LXVIII.

Vastou Djoga Tatwa, LXXXVIII.

Vêda (Commentaire sur les), XCI, (Enchantemens contenus dans les), CXL. Extrait, CLXXIX. Voy. Yadjour *Vêda*. Noms des quatre Vêda, 95.

Vêda Tatwa Sara (Extrait du), XCV.

Varâha Sanghita, XCV.

Vâmana, Rhéteur, CI.

Viswa Prakâsa, CII.

Vidiá Soundará. IV. (*Bengali*).
Viswanâtha, CIV. CVIII.
Viswasa dêvi, Poète, CLXIV.
Veni Sanhára, CIX.
Vibáda Nirnaya, CXXIV.
Vivâda ou *Vibáda Retnákara*, Digeste cité, 86.
Vidagdha Mourkha Mandala, CXXV.
Vibáda Tchintámani, CXXXI.
Vichnou Sarma, Fabuliste, CXLI.
Vichnou Bhattâtchâria, CXL.
Vâtchespati Misra, Philosophe, CXXXI. CLII. CLVIII.
Vêdânta, Systême de philosophie, CLIX. CLX. CLXI.
Védánta Sára, CLIX, CLX
Védánta Darsana, CLXI.
Vyása, Rédacteur des *Véda*, d'un *Rámáyana* et des dix-huit *Pouráná*, 9, 88, 90; compose une Biographie de Krichna, 10.
Vaïkriti, les êtres existans, 10.
Vyabahára, traité de législation, 82.

Y

Yadjour Véda, le second des quatre Vêda; son antiquité, 91, 92.

Fin de la Table.

Printed in the USA
CPSIA information can be obtained
at www.ICGtesting.com
LVHW011748261123
764949LV00015B/1440